Andrea Tretner

Wer nicht fragt, stirbt dumm

Für SAM 61
und
meinen Vater

Mit Antworten der Interviewpartner
Anselm Bilgri · Hubert Böke · Christine Bronner
Martina Bühler-Karsubke · Margit Gratz · Udo Hahn · Walter Kohl
Martin Kreuels · Hans Langner · Hans Christian Meiser
Nando Parrado · Dr. Erich Rösch · Wilhelm Schmid · Andreas Sczygiol
… vollständig nachzulesen unter
www.irisiana.de/wer-nicht-fragt oder www.inner-networking.de

Andrea Tretner

Wer nicht fragt, stirbt dumm

Überraschende Fragen und Antworten zu Sterben und Tod

Inhalt

Vorwort: Fragen an unsere Endlichkeit 6

Frage: Wie sieht der Tod für Sie aus?
Ist er der knochige, kalte Sensenmann? 11

ANDERSSEIN 21

Frage: Wäre der Tod obdachlos, welche
Behausung würden Sie ihm bieten: ein Haus,
eine Souterrainwohnung …? 26

VERGLEICH 33

Frage: Der Tod ist Ihr letzter und einziger Gast.
Was gibt es zu essen? Kochen Sie selbst
oder kommt der Pizzadienst? 39

VERLETZUNG 45

Frage: Gibt es einen Ort,
wo Sie am liebsten sterben würden? 50

EINSAMKEIT 54

Frage: Würden Sie am liebsten alleine sterben oder in
den Armen eines anderen? 57

VERSÖHNUNG 64

Frage: Senden Sie dem Tod eine Nachricht. Wäre es eine
SMS, eine Mail, ein Brief? Und was wäre der Inhalt? 68

SCHREIBEN 75

Frage: Welche Farbe hat der Tod für Sie? 78

STAUNEN 84

Frage: Wie riecht der Tod? 87

Frage: Wie würden Sie den Tod anziehen?
Ist er ein Mann oder eine Frau? 90

HUMOR 93

Frage: Wie möchten Sie bestattet sein? 96

STILLE 99
Frage: Was fürchten Sie am meisten durch den Tod zu verlieren? Familie, Besitz, das Leben? 102

LIEBE 106
Frage: Wo im Körper fühlen Sie die Angst vor dem Tod? Wo zittern Sie? 109

INNERE HALTUNG 115
Frage: Wie könnte ein Ort aussehen, an dem man sich sicher vor dem Tod verstecken könnte? 121

TROST 124
Frage: Wie könnten Sie sich eine Reise mit dem Tod vorstellen? Pauschal- oder Abenteuerurlaub? 128

Frage: Stellen Sie sich vor, der Tod wäre Ihr Freund. Wie fühlt sich das an? Was wäre er für ein Freund? 132

FREUNDSCHAFT 137
Frage: Motiviert Sie die Gewissheit Ihrer Sterblichkeit zu einem bewussteren Leben? 141

SICHTWEISE 146
Frage: Welchen letzten Drink für Sie und den Tod darf der Barkeeper hinstellen? 152

DANKBARKEIT 155
Frage: Spiel mir das Lied vom Tod. Welches ist es? 158

Frage: Wenn der Tod schon einmal in Ihrem Leben „zu Besuch" war, was hat er verändert? 165

FRIEDEN 169

Kurzportraits: Die Interviewpartner 173

Danksagung 175

Impressum 176

VORWORT

Fragen an unsere Endlichkeit

Als Kinder gehen wir noch unbefangen mit allen erdenklichen Themen um und fragen den Erwachsenen über alles und jedes Löcher in den Bauch. Ich wollte wissen, was der Tod anzieht, was er zu essen kriegt, wo er wohnt ... So entdecken wir als Kinder die Welt, ungeniert und unvorbelastet. Irgendwann ahnte ich, dass auf manchen Themen Tabus liegen, die eisern von den Erwachsenen verteidigt werden. Also hörte ich allmählich auf zu fragen.
Das letzte echte Tabuthema heute ist der Tod. Nun ja, ganz totgeschwiegen wird er dann doch nicht. Über den Tod von anderen reden wir ja ganz gerne – etwa beim Plausch nach dem Kirchgang: „Haben Sie schon gehört, wer gestorben ist?..." Der Tod anderer zeigt mir, dass ich wieder mal davongekommen bin.
Schwieriger wird es schon, wenn der Tod die eigene Familie bedroht. Wie hilflos sind wir da! Plötzlich kommt alles durcheinander: Lebensentwürfe werden infrage gestellt, sie scheitern und können nicht zu Ende gelebt werden. Die Emotionen fahren Achterbahn, Ängste tauchen auf.
Aber wie sollen wir dem Tod eines anderen begegnen, wenn wir unserem eigenen nicht begegnen? Schon der Gedanke an den Tod bringt uns in Bedrängnis. Wir schieben ihn zur Seite und wünschen uns, wenn es denn sein muss, ein schnelles, schmerzloses und leises Ende. Am besten hochbetagt und nach einem sinnerfüllten Leben zu Hause, geborgen und aufgehoben im Kreise der Familie. Idealerweise ohne beängstigende Vorzeichen und im Tiefschlaf.
Wie ratlos unsere kluge Gesellschaft in ganz zentralen Fragen des Lebens ist, zeigt sich, wenn ein Leben zu Ende geht. Was sagen wir einem Menschen in der Verzweiflung seines unermesslichen Verlustes? Was sollen wir zu uns selbst sagen, wenn wir auf unseren eigenen Tod zugehen werden?

Vorwort

Fangen wir doch einfach wieder an Fragen zu stellen – so wie früher als Kinder, unbeschwert und leicht: Wer? Wie? Was? Wieso? Weshalb? Warum? Wer nicht fragt, bleibt – und stirbt – dumm. Ich habe mir ungewöhnliche bildhafte Fragen ausgedacht, um die Offenheit und die unvoreingenommene Naivität zurückzuholen, mit der wir als Kinder allen Arten von Fragen begegnet sind.
„Wo sterben eigentlich Vögel?", fragte ein Kind in einem Kurs des Max-Planck-Instituts für Ornithologie in Radolfzell am Bodensee. Dessen Direktor veranstaltet Kinderkurse, um sich einen neuen Blick auf seine Wissenschaft und Anregungen für weitere Forschungen zu holen. Die Frage, wo die Vögel sterben, hatten die Wissenschaftler tatsächlich bis dato noch nicht bei ihren Forschungen zum Vogelzug bedacht. Die schlichte Frage des Kindes ließ die Wissenschaftler nun diesem Thema nachgehen.
Mit den Fragen in diesem Buch nähere ich mich den Themen Sterben und Tod von verschiedenen Seiten. Zum einen sind es ganz handfeste Fragen, die sich jeder irgendwann im Leben stellen sollte – etwa die Frage, wie und wo man beerdigt sein möchte. Andere Fragen charakterisieren, ja personifizieren den Tod. Neben Aussehen und Geruch werden dem Tod auch bestimmte Eigenschaften und Vorlieben zugesprochen. Mit solchen inneren Bildern berühren wir ganz schüchtern und zaghaft die für uns so angstbesetzte Endlichkeit unseres Daseins. Wenn wir Fragen stellen, gehen wir auf Entdeckungsreise zu uns selbst, wir finden Antworten, lernen Neuland kennen und verlieren so schließlich unsere Angst. Dann kehrt Ruhe in uns ein.
Horchen Sie zu den wichtigen Fragen des Lebens geduldig in sich hinein und warten Sie, bis stimmige Bilder auftauchen. So bauen Sie spielerisch eine Beziehung zu den Themen und Ihren Ängsten und Hoffnungen auf. Stellen wir uns also den Fragen und unseren inneren Bildern – für unser Sterben und das Sterben anderer.
Wenn auch ich in diesem Buch die Fragen stelle, so bin ich nicht die Einzige, die sie beantwortet. Mein großer Dank geht an meine

Gesprächspartner, die sich mutig, offen und ohne Vorbehalte von mir haben befragen lassen und deren Antworten dieses Buch so sehr bereichern, die es bunt, lebendig und lesenswert machen. Ich möchte sie an dieser Stelle nur in Stichworten vorstellen; am Ende des Buchs finden Sie etwas ausführlichere Informationen zu den wunderbaren Mitwirkenden in diesem Buch:

ANSELM BILGRI, Theologe, Coach, Mediator, Buchautor; bis 2004 Benediktinermönch, Cellerar und Prior des Klosters Andechs

HUBERT BÖKE, Klinikpfarrer und Synodalbeauftragter für Hospiz und Trauerbegleitung; Buchautor

CHRISTINE BRONNER, Sozialpädagogin, Therapeutin, Gründerin und Leiterin der Stiftung Ambulantes Kinderhospiz München

MARTINA BÜHLER-KARSUBKE, die durch die schwere Krebserkrankung ihres Mannes Krisen als Chancen zu schätzen gelernt hat

MARGIT GRATZ, Theologin und Palliativfachkraft

UDO HAHN, Pfarrer, Direktor der Evangelischen Akademie Tutzing und Buchautor

WALTER KOHL, Dipl. Volkswirt, MBA, BA, selbstständiger Unternehmer und Buchautor

MARTIN KREUELS, ehemals Biologe, heute Fotograf und Autor; er verlor seine Ehefrau durch eine Krebserkrankung

HANS LANGNER, freischaffender Multimediakünstler in den Bereichen Malerei, Objekte, Installationen und Performance sowie Hospizhelfer und Buchautor

HANS CHRISTIAN MEISER, Philosoph, Publizist und Buchautor

NANDO PARRADO, Überlebender eines Flugzeugabsturzes in den Anden 1972; Vortragsredner und Buchautor

DR. ERICH RÖSCH, Geschäftsführer des Bayerischen Hospiz- und Palliativverbands e. V.

WILHELM SCHMID, freischaffender Philosoph, außerplanmäßiger Universitätsprofessor und Buchautor

ANDREAS SCZYGIOL, Dirigent, Chorleiter und ausgebildeter Systemischer Therapeut

Fehlt noch ein Gesprächspartner: Sie, der Sie dieses Buch lesen. Wenn Sie meine Fragen lesen, halten Sie kurz inne, schließen Sie vielleicht die Augen und fragen Sie sich: Wie würde ich antworten? Was bringe ich mit dem Tod in Verbindung? Wie stelle ich ihn mir vor? Und: Was wünsche ich mir für mein eigenes Sterben und das Sterben derjenigen meiner Liebsten, die mir vorangehen werden?

Der Leidensweg meines Ehemanns

In diesem Buch werde ich immer wieder von der Geschichte meines verstorbenen Mannes Sven Tretner (1969–2007) erzählen. An ihr zeigt sich, wie Krankheit und Sterben einen Menschen verändern, ihn zu sich selbst führen können und nicht nur zum eigenen Ende. Sie zeigt auch, wie wir als Paar uns verändert haben und dass in einer Beziehungskonstellation der gesunde Part ebenfalls von einer massiven Veränderung betroffen ist, die nicht nur mühselig, aufreibend und anstrengend ist. Wie bei jeder Krise ist ein großes eigenes Wachstum möglich, wenn man dafür offen ist.
Mein Mann litt an Morbus Cushing. Dabei verursacht ein Tumor in hormonproduzierenden Zellen der Hirnanhangsdrüse (Hypophyse) eine Überproduktion des Hormons ACTH, was zu einer vermehrten Stimulation der Nebennierenrinde und damit zu übermäßiger Cortisolproduktion führt. Diese verursacht viele schwer belastende Symptome und Begleiterscheinungen. Das größte Problem bei meinem Mann war die Ausdehnung des bei ihm sehr schnell nachwachsenden Tumors, der sich später nicht mehr nur auf die Hypophyse beschränkte, sondern auch andere Hirnregionen befiel. Sven überstand viele Gehirnoperationen und Bestrahlungen. Nach einer Doppeloperation transnasal (durch die Nase) und transkraniell (mit Schädelöffnung) innerhalb weniger Tage musste man ihn wegen schwerer Blutungen in ein künstliches Koma versetzen. Kurze Zeit verbrachte er in verschiedenen Rehakliniken, doch dort sank seine Motivation auf den Nullpunkt.

Vorwort

Ich holte ihn nach Hause – entgegen dem Rat der Ärzte. Diese befürchteten, ich unterschätze den Pflegeaufwand, und meinten, ohne besondere Einrichtungen könnte man zu Hause nicht ausreichend für ihn sorgen.

Aber das genaue Gegenteil war der Fall! Sven blühte zu Hause noch einmal richtig auf – natürlich innerhalb seiner begrenzten Möglichkeiten. Aber er kam so weit zu Kräften, dass er wieder aufrecht sitzen und nach einigen Wochen sogar wieder gehen konnte. Für mich war es eine wahre Freude, ihn noch einmal so sehen zu dürfen. Er selbst empfand das ebenfalls, denn an meinem Geburtstag Anfang Juli, zwei Monate vor seinem Tod, schrieb er in seinen Timer: „Geschenk für Andrea: Ich komme zurück ins Leben." Aber der Tumor hörte auch in dieser Zeit nicht auf zu wachsen, und so benötigte Sven Ende Juli 2007 eine letzte Bestrahlung. Sie läutete das Ende ein, denn nach dieser Behandlung war er so geschwächt, dass er nicht mehr aufstehen konnte. Dann begann eine von außen betrachtet schreckliche Zeit. Oft war sie tatsächlich unmenschlich anstrengend für alle Beteiligten, und doch war sie mit das Wunderbarste, was ich erlebt habe.

Allen widrigen Umständen zum Trotz kämpfen wir für ein gutes Gelingen, in diesem Fall für ein gutes Sterben. Und das ist dann eingetreten. Wir hatten keine Spur Erfahrung für diese lange und intensive Sterbebegleitung, kein anderes Instrumentarium als eine Art Urinstinkt, um damit umzugehen. So stellte sich ein unglaublich gutes Gefühl ein, das von all dem bleibt. Wir haben gelernt, dass Kämpfen sich lohnen kann, und zusätzlich dass wir uns auf unsere innere Stärke verlassen können. Es gibt da etwas in uns, etwas Unergründliches und Unendliches.

Ganz zu schweigen von der Liebe in diesen Zeiten. Sie befreit sich vollständig von allen Erwartungen, Bedingungen und Bildern, die wir unser ganzes Leben lang an sie geheftet haben. Sie kommt in solchen Krisen auf den Punkt, sie kann sich zu einer Essenz entwickeln, die kraftvoll und unendlich tragfähig ist.

FRAGE

Wie sieht der Tod für Sie aus? Ist er der knochige, kalte Sensenmann?

> Der Tod ist wohl ein Gestaltenwandler. Fürchte ich ihn, sehe ich einen Fremden, einen Feind, der einbricht in ‚mein Haus‘, mein Vertrautestes, mein Eigenstes. Ich sehe einen Vermummten, einen Räuber, einen Dieb. Sehne ich mich nach Frieden und danach, die Not dieses Lebens hinter mir zu lassen, mag er mir begegnen in einer freundlichen, mütterlichen Gestalt, die mich in ihre Arme schließt, mich tröstet, mich wiegt.
>
> *Hubert Böke*

Viele meiner Interviewpartner haben vermeintlich keine Vorstellung vom Tod. So die Theologin und Palliativfachkraft MARGIT GRATZ, die schreibt: „Der Tod ist nicht personifiziert. Deshalb hat er für mich weder die Gestalt eines Sensenmannes noch irgendeine andere äußerlich fassbare Form. Durch eine Personifizierung des Todes habe ich den Eindruck, dass wir ihn nicht mehr auf eine Stufe mit der Geburt, sondern mit der Hebamme stellen. Warum? Steht dahinter eine Not der Menschen, das Unbegreifliche (be-)greifbar zu machen? Oder der Wunsch, jemand möge uns, am besten wohlgesonnen, aus dem Leben hinausbegleiten?"

Bilder helfen uns, das Unbegreifliche in unserer ganz eigenen, persönlichen Darstellung fassbar zu machen, egal ob es sich um Personifizierungen, Bilder oder Gefühle handelt. In diese Bilder können wir den Anker für ein Weiterdenken hineinwerfen. Sie bilden den Rahmen, der uns ein wenig schützt, wenn wir uns die essenziellen Fragen im Leben stellen.

Dr. Hans Christian Meiser antwortet auf die Frage, wie er sich den Tod vorstellt: „Das Bild vom Sensenmann, der mit seinem Instrument alles niedermäht, stammt aus der Zeit, da die Pest die Menschen hinwegraffte. Da stellt sich die Frage, welche Metapher heute für einen massenhaften Tod passen würde. Menschen brauchen stets ein Bild von dem, was nicht wirklich sichtbar ist. Die Liebe wird dann zur Göttin, der Tod zu ‚Gevatter Hein'. Auch kosmologische Vergleiche sind möglich, wie etwa die altägyptische Nachtbarke der Isis, mit welcher der Sonnengott Ra in die Unterwelt fährt, um am nächsten Morgen am Horizont wieder strahlend zu erscheinen. Ob der Tod eine Physiognomie hat? Ganz gewiss! Er sieht so aus wie jeder, der ihn in sich trägt. Er hat also so viele Gestalten, wie es Menschen gibt, gab und geben wird."

Für Walter Kohl ist der Tod wie für Margit Gratz keine personifizierte Figur. Trotzdem kommt er auch für ihn in einer wahrnehmbaren Form: „Für mich hat der Tod keine körperliche Gestalt, keine Physis. Er erscheint mir vielmehr wie ein Geist, der einem Lufthauch ähnlich durch die Welt zieht und dann zu den Menschen kommt. Ich habe den Tod mehrmals bei anderen Menschen erlebt, so nach einem Autobahnunfall, als ein fremder Mensch in meinen Armen starb. Und natürlich besonders intensiv im Zusammenhang mit dem Tod meiner Mutter 2001. Dabei hat mich besonders diese fast physisch spürbare Energie des Todes beeindruckt. Der Tod ist für mich eine Erscheinung, die zunächst unsichtbar, nicht mit den Sinnen wahrnehmbar ist, die aber dann plötzlich extrem spürbar und fühlbar wird."

Auch wenn Walter Kohl den Tod weniger als Gestalt denn als spürbar eintretenden Zustand betrachtet, ist das ein Bild, wie man es sich vom Tod macht – in diesem Fall eine relativ abstrakte Vorstellung. So unterschiedlich wie die Menschen sind auch die Vorstellungen und Bilder, die der einzelne vom Tod hat.

In unserer Familie ist es eine Tradition, an Allerheiligen das Theaterstück *Der Brandner Kaspar und das ewige Leben* anzusehen. Lange Zeit prägte wirklich dieses Stück von Franz von Kobell mein Bild vom Tod. Der „Boandlkramer", der bayerische Tod, tritt fast entschuldigend in die Stube des Brandner Kaspar und bittet ihn freundlichst zur Mitfahrt ins Jenseits. Boandlkramer bedeutet „der mit den Knochen handelt" – von Boandl (Gebeinchen) und Kramer (Händler). Seine Erscheinung ist dünn, alt, klapprig, schmutzig, arm, zerlumpt, ebenso sehen sein Pferd und der Wagen aus, mit dem er einen transportiert. Er hat nichts Grobes oder direkt Furchteinflößendes an sich, eher etwas Bemitleidenswertes. Man könnte fast sagen, er sieht aus wie ein vom Leben gebrochener Mann, der nie Liebe hat erfahren dürfen. Egal an welche Tür er klopft, er ist nirgends willkommen. Mit jemandem, der mit den Gebeinen handelt, will man nichts zu tun haben.

Der Brandner Kaspar will noch nicht so bald mit dem Boandlkramer mitgehen, und so feilschen sie bei Schnaps und Kartenspiel um den Zeitpunkt. Er macht den Tod betrunken und betrügt ihn beim Spiel. Der Tod verliert und muss zusagen, ihn erst mit 90 Jahren zu holen. Nach einer gewissen Zeit erfährt man im Himmel von dieser Schummelei, und der Tod holt den Brandner Kaspar doch nach wenigen Jahren.

Im Himmel angekommen aber ist er glücklich, und die Angst vor dem Tod löst sich völlig auf in der Schlaraffenlandstimmung im Paradies. Es ist ein bayerischer Himmel, barock und üppig, und alle sind glücklich, alle finden sich dort oben wieder.

Als Kind fragte ich mich, warum alle den Tod so scheuen. Er ist ja nur der Transporteur ins Paradies, und ich verstand nicht, warum bei Beerdigungen geweint wurde, wo man doch eigentlich feiern sollte. Ich dachte, dort oben warten meine verstorbenen Großeltern auf mich, auch mein toter Hund, alle dürfte ich da oben wiedersehen. Das Leben würde fast nahtlos weitergehen; warum also die Angst vor dem Tod?

Das war mein Bild vom Tod in Kindertagen. Und manchmal, wenn ich mich ganz klein fühle, wenn die Zeiten schwierig sind, Sorgen und Ängste um sich greifen, dann erinnere ich mich an dieses Bild fernab der Realität, und ich gebe zu: Es tröstet mich in diesen Momenten. Solche Kinderbilder verblassen wohl nie ganz. Wenn wir tief unten in unserer Traurigkeit angekommen sind, können uns diese alten Vorstellungen ein wenig auffangen, egal wie das Leben inzwischen unser Verhältnis zum Sterben und zum Tod geprägt hat. Das naiv überzeichnete Paradies puffert für einen kurzen Moment unsere Angst ab.

Auch MARTIN KREUELS' Bild vom Tod ist mit einem vergangenen Bild verknüpft, denn er schreibt: „Der Tod ist meine Frau, die 2009 gestorben ist, denn sie holt mich ab, wenn ich selber sterben werde. An eine Figur glaube ich dabei nicht. Irgendwann steht sie vor mir und nimmt mich mit."

Eine Klientin erzählte mir kurz nach dem plötzlichen Tod ihres Ehemanns von einer ähnlichen Vision: Ihr Mann würde dort oben im Himmel alles vorbereiten und sie dann an der Himmelspforte glücklich empfangen – für ihr weiteres gemeinsames Leben. Einige Wochen später konnte sie kaum mehr glauben, dass sie eine derartige Vorstellung geäußert hatte. Ihre Phantasie, vermischt mit Bildern aus Kindertagen, hatte die Entwicklung ihrer Trauer und Verzweiflung gebremst. Gerade bei unerwarteten Todesfällen ist es sogar nützlich für uns, eine Art Puffer für die Realität zu haben. Der Schmerz ist so groß und unerträglich, dass unsere Seele sich und uns schützen muss. Wir brauchen dann eine gewisse Verschnaufpause vor dem ersten eigentlichen Schritt der beginnenden Trauer, dem Akzeptieren des Verlusts als Realität. Nach einiger Zeit war es meiner Klientin möglich, den Verlust in ihr erwachsenes Modell von Sterben und Tod einzubinden. Sie glaubt nicht an ein Leben nach dem Tod und dass sie ihren Mann wiedersehen wird. Sie spürt ihn in ihren Erinnerungen und Emotionen, in ihrer Liebe für ihn und ihre gemeinsame Zeit als Paar.

> **Die Traueraufgaben**
> Nach William Worden, US-Psychologieprofessor, Psychiater und Trauerforscher, sind dem Trauernden vier wesentliche Aufgaben gestellt:
> 1. Den eingetretenen Verlust als Realität akzeptieren
> 2. Traurigkeit und Schmerz erfühlen und durchleben
> 3. Sich an die neue Lebenssituation anpassen, in der die verstorbene Person fehlt
> 4. Eine dauerhafte emotionale Verbindung zu der verstorbenen Person aufbauen und trotzdem in ein neues Leben aufbrechen

Es kostet viel Mut und Kraft, durch den Schmerz des Verlusts zu gehen. Im ersten Moment fühlt sich das Verweilen in der Vergangenheit und im emotionalen Leugnen des Verlusts einfacher an; aber wer den Schmerz auf Dauer zu umgehen versucht, wird sich langfristig keinen Gefallen tun. Eine wirkliche Begegnung mit Verlust und Trauerschmerz ist Voraussetzung für den notwendigen Aufbruch in ein neues Leben und ein neues emotionales Miteinander mit dem Verstorbenen. Wir müssen dem Toten einen neuen Platz zuweisen, denn dort, wo er war, ist er nicht mehr.

Wir hätten am liebsten feste Bilder, an denen wir uns für immer festhalten könnten, aber das wäre Erstarrung, eine Art lebendiger Tod, denn alles ist im Wandel. Man könnte fast daran verzweifeln, wenn man nicht wüsste, dass dieser Wandel auch genau die Veränderungen hervorbringt, die wir uns wünschen: den Blick auf etwas Neues und Lebendiges, den Blick auf das Leben.

„Stillstand ist Tod", war quasi das Lebensmotto meines Mannes in seinen letzten Jahren. Ich hörte es immer von ihm, wenn ich mental aus der Puste war vor lauter Veränderungen, die uns auferlegt waren. Ich hätte damals lieber Stillstand gehabt und konnte

diesen Satz oft nicht mehr hören. Heute verstehe ich ihn. Sven hat ihn aus der akuten Bedrohung des baldigen endgültigen Stillstands heraus gesagt. Da wollte jemand einfach nicht sterben und war froh über jegliche Veränderung, denn damit konnte er sich lebendig fühlen, und der Tod war noch ein Stück weit entfernt. Bilder verändern sich im Laufe der Zeit, und auch mein kindliches Bild von Tod und Endlichkeit hat sich gewandelt. Ähnlich ergeht es ANDREAS SCZYGIOL: „Manchmal ist er was Bedrohliches, manchmal was sehr Freundschaftliches, manchmal was Friedvolles ... Er ist etwas, das sich wandelt."
Ich weiß nicht mehr genau, wann bei mir die Veränderung des Bildes einsetzte. Vielleicht fing sie an, als mein Mann chronisch krank wurde und ich aus meinem Wunschtraum vom Bilderbuchtod langsam erwachte. In dieser Zeit befiel mich große Traurigkeit, und ich spürte eine Veränderung wider meinen Willen, eine Bedrohung. Aus meinem inneren Heiligenbildchen wurde realistische Malerei, mein und auch unser gemeinsames seelisches Erwachsenwerden als Paar im Hinblick auf dieses Thema begann. Das Gefühl der Endlichkeit trat in unser Leben ein, die wir beide nicht greifen konnten oder wollten. Denn die Angst vor dem Tod haben wir beide damals noch nicht ausgesprochen, nicht im Stillen vor uns selbst und auch nicht in Worten zwischen uns. Wir waren Mitte zwanzig, ganz erfüllt von den Möglichkeiten, die uns das Leben bot, und sahen wahrscheinlich keine andere Möglichkeit, unsere damalige Lebensform zu schützen.
Wir weigerten uns lange, dieses Thema zu berühren. Nur so konnten wir uns – wenigstens die meiste Zeit – die fantasievoll ausgestaltete Wunschvorstellung unserer schönen Zukunft erhalten. Aber darunter brodelte es, und mit den Jahren und den immer häufigeren und komplizierter werdenden Diagnosen schälte sich eine Grundsatzfrage heraus: Entweder konnten wir unser Leben in einer Art gedämpfter Wirklichkeit wahrnehmen, indem wir unsere Ängste mit allerlei Abwehrmechanismen zur Seite schoben, oder

aber wir würden die Angst und den Schmerz fühlen und durchleben und so auch frei sein für die positiven Seiten unseres Lebens. Denn indem wir versuchen, Schmerz und Traurigkeit zu dämpfen, schmälern wir auch die Empfindungsfähigkeit für unsere Freude in glücklichen Momenten.

So bewusst, wie sich das heute anhört, war unsere Entscheidung gar nicht. Im Endeffekt wurden wir beide vom Leben zu dieser Konfrontation gezwungen. Und es war gut so, denn es vertiefte unsere Beziehung zueinander, und wir wurden Verbündete auf dem Weg durch die Angst vor Krankheit, Sterben und Tod.

Heute ist die Endlichkeit ein zentraler Aspekt meines Lebens geworden; sie bestimmt die Qualität der Gegenwart in meinem Leben und ängstigt mich nicht mehr. Ich spüre den Tod als etwas Weibliches, Weiches, Weises, das es gut mit mir meint, einen größeren Überblick hat und mich vollständig kennt und weiß, wann es Zeit ist zu gehen. Und dann werde ich gehen. Aber bis dahin will ich in vollen Zügen leben.

Es gibt viele Bilder, Figuren oder Symbole, die dem Tod ein Gesicht geben. Für manche ist der Tod aber fremd, abstoßend und abstrakt. Wilhelm Schmid beschreibt ihn so: „Er hat in meinen Augen keine Gestalt, sondern ist ein Zustand: gestaltlos, gefühllos, eiskalt." Für andere wiederum hat er etwas Vertrautes, Vertrauenerweckendes, so für den Pfarrer Udo Hahn: „Er ist ein Freund – so alt wie ich –, der mit mir älter wird und das Signal geben wird, wenn der Zeitpunkt gekommen ist."

Wenn etwas ein Gesicht bekommt und eine Gestalt annimmt, dann können wir unsere Angst daran heften und tragen sie nicht ganz allein. Wir brauchen diese Bilder, um uns langsam der Angst vor dem Tod annähern zu können. Im Laufe unseres Lebens berühren wir diese Angst immer wieder von verschiedenen Seiten, durch verschiedene Bilder hindurch.

Anselm Bilgri beschreibt gleich mehrere Bilder: „Das erste Bild, welches ich mit dem Tod in Verbindung bringe, ist der

Sensenmann in der Stiftskirche von Altötting – gleich neben der Eingangstür. Der Sensenmann dort hat was Bedrängendes und Bedrückendes, aber auch gleichzeitig etwas Spielerisches wie in Kindertagen, weil es so eine Art Spielzeug ist wie im Deutschen Museum. Der Sensenmann sitzt oben auf der Uhr und schwingt mit dem Takt der Uhr seine Sense.
Das andere Bild ist der Boandlkramer: der Tod, den ein alter Schlauberger übertölpeln kann, mit dem man handeln kann. Obwohl sein Spiel unerbittlich ist, bekommt es doch am Schluss so eine Art Heiterkeit und Gelassenheit.
Ein drittes Bild wäre da noch, das vor allem für mich als Theologen interessant ist: Ich meine die Lichterfahrungen von Menschen, die dem nahenden Tod knapp entgangen sind, wiedergegeben in den Interviews der schweizerisch-US-amerikanischen Psychiaterin Elisabeth Kübler-Ross (1926–2004).
Im vierten Kapitel der Benediktsregel *Die Instrumente der guten Werke* gibt es den Satz: den unberechenbaren Tod täglich vor Augen haben. So hat die Endlichkeit etwas sehr Befreiendes. Wenn ich mir den Moment vorstelle, da ich von hier weggehe, dann stellt sich ganz automatisch die Frage, was mir denn wichtig ist im Leben. Sie, Frau Tretner, schreiben im letzten Kapitel Ihres ersten Buchs von dem schwarzen Vogel, der einem auf der Schulter sitzt und täglich fragt: ‚Was ist wirklich wichtig? Hast du genügend geliebt?' Das ist wirklich die schönste Frage. Das ist die positive Seite an den Fragen: Wenn ich mich damit beschäftige, dass ich sterblich bin, dann bin ich vielleicht auch fähig, meinem Leben einen tieferen Sinn abzugewinnen. Es wird nicht sinnlos, wie manche denken, sondern sinnhaft."
Von dem schwarzen Vogel auf unserer Schulter habe ich vor Jahren in einem Buch über den Buddhismus gelesen. Die Gläubigen ermahnen sich mit dieser Vorstellung täglich zu einem gut gelebten Dasein. Der Tod in Gestalt des kleinen schwarzen Vogels fragt sie laufend nach der Qualität ihres Lebens – eine schöne Art und

Weise, sich immer wieder das Jetzt bewusst zu machen, denn die Geschäftigkeit des Alltags droht uns immer wieder zu verschlucken. Solche kleinen Ermahnungen und Fragen holen uns zurück zu unserer Verantwortung für eine gute Lebensführung. Denn das Einzige, was wir bestimmt wissen, ist, dass wir dieses Leben jetzt und hier haben und dass es endlich ist. Mit diesem Bewusstsein unserer Sterblichkeit sind wir vielleicht, wie Anselm Bilgri sagt, fähig, dem Leben einen tieferen Sinn zu geben.

> **Übung: Ihr Bild vom Tod**
> Malen oder zeichnen Sie ein Bild, das für Sie den Tod symbolisiert, also das Bild, welches Sie vom Tod haben. Vielleicht kommt ein sympathisches Bild zustande, vielleicht ein schauriges. In jedem Fall können Sie dem gemalten Tod Fragen stellen: Welche Gefühle spüren Sie bei der Betrachtung? Welche Angst haben Sie? Wie riecht die Angst? Spüren Sie auch hin, was die verwendeten Farben für Sie bedeuten. Sind sie hell oder dunkel, warm oder kalt? Was assoziieren Sie?

In meiner Praxis verwende ich diese Übung, um die Klienten in einen Dialog mit dem Tod zu bringen. Wir beginnen also eine Art Gespräch mit ihm. Das Aussprechen macht die Angst hörbar; sie wird transparent und bearbeitbar. Wir können uns also nicht nur hinter unseren inneren Bildern verstecken, die wir vom Tod haben, wir können sie sichtbar machen, hinter ihnen hervortreten und in dieser spielerischen, künstlerischen Annäherung den Mut finden, die Angst zu berühren.

Ich komme oft aus dem Staunen kaum noch heraus, was alles bei den „tödlichen Kunstwochenenden" zutage kommt, die ich veranstalte. Die Teilnehmer formen dabei mit gestelltem Material ihre Vorstellung zur Thematik Tod. Wichtig ist die Verwendung von Vorhandenem, denn das ist immer im Leben von uns gefordert: Wir müssen in jeder Situation aus dem etwas machen, was in unserem Leben vorhanden ist und was es uns anbietet.

Das Leben und seine grundsätzlichen Fragen fordern eine Menge Kreativität, Fantasie, Beweglichkeit und Flexibilität von uns, und all das können die Teilnehmer spielerisch üben, indem sie aus Vorhandenem gestalten. Gerade über Lebensaspekte, die wir mehr oder weniger mit einem Tabu belegen, können wir durch Kreativität vieles aus uns hervorholen und Kunstwerke erschaffen, die uns inspirieren für unser Weiterdenken, -handeln und -fühlen.

Anderssein

Anschließend bin ich ein wenig durch die Straßen gelaufen und habe beim Gemüsehändler eingekauft. Für 10,16 Euro – das weiß ich noch genau. Es war vielleicht der schönste Einkauf meines Lebens. Komisch, ich habe Glück empfunden, weil ich Sellerie, Paprika, Karotten und solche Sachen eingekauft habe. Glück, aber auch ein wenig Mut. Man wird so ängstlich und schüchtern, man schämt sich fast, wenn man krank ist. Vielleicht weil man an dieser rasenden Gesellschaft nicht mehr teilnehmen kann. Da braucht es plötzlich Mut, schon alleine um einkaufen zu gehen.

Christoph Schlingensief (1960–2010) in seinem Buch
*So schön wie hier kann's im Himmel gar nicht sein!
Tagebuch einer Krebserkrankung*

Das Anderssein von Kranken und Sterbenden kostet zusätzliche Kraft und Ausdauer. Die Erwartung der Gesellschaft, dass wir alle funktionieren im Hamsterrad des Lebens, die müssen sie für sich ablegen und überwinden. Anders sein wollen wir alle irgendwie – aber doch nicht so. Individuell, originell, abgehoben von der Masse, das ist das Ziel. Trotzdem laufen wir in den gleichen Klamotten herum wie alle anderen und eifern denselben Strömungen nach – auf der Suche nach Sicherheit und dem Gefühl von Zugehörigkeit. Freiwillig anders sein zu wollen oder unausweichlich anders zu sein, das macht einen riesigen Unterschied aus. In keine Uniform mehr zu passen, weder außen noch innen, ist eine schwere Erfahrung.

Mein Mann wollte nie in Selbsthilfegruppen oder Gesprächsrunden gehen: „Ich will mich nicht nur mit lauter Kranken umgeben. Das halte ich nicht aus." Das war seine Begründung, wenn ich versuchte, ihn zum Mitgehen zu überreden. Ich glaube, es war mit am schwersten für ihn, dieses aufgezwungene Anderssein als die Gesunden zu spüren, dieses Stigma. Er war im besten Alter, wollte hinaus in die Welt, wollte sie verändern, wollte sie und sich selbst entdecken. Er wollte leben, und ich wollte alles richtig machen. Also ging ich an seiner Stelle zu diesen Sitzungen und Treffen, um Informationen zu holen und um im Austausch zu sein.

Das Ende aller Pläne

Bei all unseren gleichaltrigen Freunden kam damals die Karriere in Schwung, während Sven mit seiner Krankheit leben musste. Er war als Berater in der Werbebranche tätig, als er eines Tages nach Hause kam und mir von seinem Entschluss erzählte, seine Karriere über Bord zu werfen. Jung, gesund, allzeit bereit, das könne er nun nicht mehr erfüllen, und bevor ihn die anderen darauf aufmerksam machen würden, wäre es doch klüger, selbst diese Entscheidung zu treffen.
So weit hatte ich noch gar nicht gedacht. Ich glaubte, wir würden das alles schon wieder hinkriegen, andere hatten schließlich diese Art von Tumor auch in den Griff bekommen und überlebt. So wie er spürte ich das Anderssein noch nicht, dieses Nicht-mehr-Dazugehören. Von außen sah man ihm zu dieser Zeit die Krankheit noch gar nicht an. Das kam erst einige Zeit später, als der Tumor sich gar nicht mehr unter Kontrolle bringen ließ.
Wie muss es wohl in Sven ausgesehen haben? Ein kluger junger Mann fällt die Entscheidung, am großen Spiel da draußen nicht mehr teilzuhaben? Der größte Teil dessen, womit er sich definierte und identifizierte, löste sich von der Diagnose an langsam, aber sicher auf. Alles wurde nun anders, und wir standen machtlos daneben. Bald war nichts mehr wie zuvor: Der Körper veränderte sich, die beruflichen Ziele gingen flöten, er musste sich komplett neu justieren. Er war jetzt anders, und zwar nicht freiwillig.

Zum Glück blieb er weiterhin seinem Charakter treu, gab nicht auf, strebte weiter vorwärts, und nach einer Weile fand er eine neue berufliche Leidenschaft für sich, in der er sein Anderssein, so sehr es sich auch über die Jahre intensivierte, leben durfte.

Die letzten Jahre über wurde seine Situation der von Christoph Schlingensief geschilderten immer ähnlicher. Einmal wollte er unbedingt zum Supermarkt um die Ecke gehen und etwas, was uns gerade fürs Kochen fehlte, schnell selbst holen. Die Zeiten waren nicht gut, und ich fragte ihn, ob er das wirklich könnte. Es war manchmal sehr schwierig für mich, eine Balance zu finden und ihn nicht zu sehr zu bemuttern, aber die Risiken für ihn und mich richtig einzuschätzen. Ich verkalkulierte mich des Öfteren. Wenn ich ihn nach einer seiner Gehirnoperationen alleine nach draußen gehen ließ, war das sehr anstrengend für mich, weil ich permanent in Sorge war. Oft wurde ihm schwindlig, er konnte das Gleichgewicht nicht halten, fiel in Ohnmacht und stürzte. Trotzdem wollte und durfte ich ihm sein selbstbestimmtes Leben nicht ganz nehmen. Er ging also einkaufen.

Nach einer halben Stunde wurde ich unruhig und ging ihm nach. Ich fand ihn weinend vor dem Supermarkt sitzen. Es war Samstagvormittag, und all die jungdynamischen Singles kauften ein, weil sie werktags bis spätabends an ihrer Karriere feilten. Die Kleinfamilien mit den neuesten Kinderwagen liefen bepackt wieder nach Hause in ihr detailliert geplantes Leben … So wollten wir das auch einmal. Jetzt saß Sven weinend genau vor diesem Bild, ein junger Mann, zerrissen zwischen seinen Wünschen und der brutalen Realität. In diesem Moment hatte ihn jeglicher Mut für das Leben und für das aufgezwungene Anderssein verlassen.

Dieses Anderssein war ein entsetzliches Gefühl. Anderssein ja, aber nicht so, sondern mit den Markern, die uns gefielen und wichtig waren. Wir wollten unsere Abgrenzung selbst kreativ gestalten und nicht vor die Nase gesetzt bekommen. Wir waren doch auch jung und wollten unser Leben formen.

Schweigend gingen wir nach Hause und sprachen den ganzen Tag kein Wort mehr. Wir verstummten, jeder in seiner Trauer um das erhoffte Leben, das so nicht mehr für uns möglich war.

Aber mit der Zeit konzentrierten wir uns auf das, was sich nicht wirklich veränderte, dessen Rahmen allerdings durch die Umstände in Bewegung geraten war. Wir konzentrierten uns auf den Kern, auf die Essenz unserer Liebe zueinander. Das war in dieser Zeit die einzige Sicherheit, der Hafen, in den wir immer sicher zurückkehren konnten, um einander zu stärken und uns auszuruhen für das Leben in den neu gezogenen Grenzen.

Wir empfanden das Anderssein durch Krankheit und den nahen Tod zeitweise als sehr gnadenlos. Es vertrieb unsere Illusionen, Träume, Wünsche mit einer Härte, die oft nicht auszuhalten war. Manches Mal fühlte ich mich wie unmittelbar vor einem Zusammenbruch. Wir wollten leben, aber das Leben, wie wir es kannten, gab es nicht mehr. Wir waren verunsichert, ängstlich und mutlos. Wie Christoph Schlingensief schreibt, wird man schüchtern und muss aufpassen, nicht zu schüchtern zu werden, denn dann sieht einen das Leben nämlich gar nicht mehr.

Der Weg zum Wesentlichen

Ein Geschenk aber brachte das Ganze mit sich, nämlich dass wir erlebten, worauf wir uns blind verlassen konnten: auf unseren eigentlichen Kern. Das Anderssein schälte alles Überflüssige und Äußerliche von uns ab, und übrig blieb der fruchtbare Kern, aus dem ein neues Leben wachsen durfte – ein anderes eben. Aus der Reduzierung heraus etwas Neues, Lebendiges zu erschaffen war die Aufgabe. Die höchste Kreativität entsteht dann, wenn wir aus dem wenigen, was uns in einer Krise geblieben ist, etwas Neues aufbauen. Aus einer gegebenen Fülle schöpfen kann ja jeder.

Ganz leise trat eine neue Form von Glück in unser Leben. Kein lautes, grelles, jung-dynamisches. Ein zartes, leises Glück stellte

sich ein, das anfangs unsere gesamte Aufmerksamkeit erforderte, um überhaupt bemerkt zu werden. Mit der Achtsamkeit, die man aus Reduzierung lernt, sieht man dieses kleine, feine Glück und staunt, warum man es nicht früher gesehen und gespürt hat.
Neben dem Lärm der gewohnten Ablenkungen und dem Drehkoller im Hamsterrad der alltäglichen Gier nach immer mehr kann sich dieses kleine Glück nicht bemerkbar machen. Unser Leben wurde nun immer langsamer, leiser, zarter. Von außen sah es vielleicht langweilig aus, aber wir empfanden das gar nicht so und lernten unser Glück dort zu suchen, wo wir es immer finden und empfinden können: im Leben selbst. Was machte es mich glücklich, als ich meinen Mann zum Beispiel einmal in der Sonne sitzen sah und er sich köstlich amüsierte beim Beobachten einer Hummel mit Startschwierigkeiten, weil es ihr noch zu kalt war in der Frühlingssonne. Es war das größte Geschenk, uns wegen des Andersseins ein anderes Glück suchen zu müssen – unabhängig von jeglichem gesellschaftlichen Außen. Auch heute für mich alleine brauche ich immer weniger Äußerliches, um mich glücklich fühlen zu dürfen. Es ist eine große Chance, wenn einen das Leben aus dem Gleis der gesellschaftlichen Norm wirft und man neue Wege gehen muss. Zuerst denken wir, wir müssen nur, aber nach und nach auf dem Weg ins Unbekannte spürt man, dass es eigentlich ein Dürfen ist, ein Geschenk des Schicksals. Ohne dass uns das Leben oder jemand aus der Spur bringt, verlassen wir die bequeme Autobahn des Gewohnten nur selten.
Natürlich gehören Offenheit und Bereitschaft dazu, sich angesichts der eigenen Endlichkeit zumindest zeitweise zu einer Fahrt auf einer Nebenstrecke verführen zu lassen, um auf den Geschmack zu kommen vom kleinen, leisen, abseits gelegenen Glück in uns. Ich sage Ihnen: Einen Versuch ist es wert. Vielleicht machen wir daraus eine lebenslange Übung. Der Gewinn: Alles wird relativiert, und alles rückt wieder im richtigen Maßstab an seinen rechten Platz.

? FRAGE

Wäre der Tod obdachlos, welche Behausung würden Sie ihm bieten: ein Haus, eine Souterrainwohnung …?

> Ich würde ihm großzügig den ganzen Kosmos überlassen und ein Plätzchen auf der Erde für mich bereithalten.
>
> *Wilhelm Schmid*

In der Vorstellung meiner Interviewpartner hat der Tod entweder fest zugeordnete Plätze, Zimmer, Orte oder absolute räumliche Freiheit. Ich gehöre zu denjenigen, die ihm einen Ort zugeteilt haben: Er lebt bei mir mit im Haus. Die dem ganz entgegengesetzte Vorstellung von Wilhelm Schmid wirft bei mir die Frage auf: Warum ordne ich dem Tod eigentlich einen bestimmten Ort zu? Wenn ich einer Person, einem Gefühl oder einer Sache einen festen Platz zuweise, weiß ich immerhin, wo er oder es ist. Tue ich das, weil ich dann eine gewisse Kontrolle darüber habe und glaube, unangenehmen Überraschungen besser aus dem Weg gehen zu können? Und wenn ich den Tod irgendwo platziere, wo ist denn dann der beste Platz für ihn?

Vielleicht im Souterrain, wo ihn ANSELM BILGRI wohnen lässt: „Der Tod ist nicht unabhängig, den gibt es nur, weil es uns gibt, und deswegen ist er eher im Souterrain. Direkt in der eigenen Wohnung würde ich ihn nicht als Untermieter haben wollen. Er ist da, aber nicht zu nah.

Das Leben zu leben heißt schon, dass wir sterben. Alles Lebendige stirbt einmal; auch das nicht Lebendige – die Materie – löst sich irgendwann auf, aber wir nennen das dann nicht Sterben. Alles löst sich auf in seine Urbestandteile, und mit diesem Gedanken müssen wir uns anfreunden. Wir sind auf der Welt und haben nur eine einzige Aufgabe. Wenn man Richard Dawkins und seinem Buch *Das egoistische Gen* glaubt, sind wir nur Träger dieses egoistischen Gens, das heißt, wir haben nur die Aufgabe, uns am Leben zu erhalten – so lange, bis wir unsere Gene weitergegeben haben. Dann ist unser Daseinszweck erfüllt.

Dieser biologistische Ansatz ist schwer zu widerlegen, greift aber sehr kurz. Denn man muss anerkennen, dass es uns Menschen als einzigen Wesen gelungen ist, das Leben bewusst kulturell zu gestalten. Wir wissen es nicht genau, ob wir die einzigen sind, aber wir nehmen es an. Wir verdrängen das Thema Tod; insofern stehen wir, glaube ich, eher auf der Stufe einer tierischen Existenz, weil sich ein Tier nicht mit dem Tod beschäftigt, sondern nur im Hier und Heute lebt.

Mich hat das Mittelalter immer fasziniert, eine Epoche, in der es zentral wichtig war, sich mit dem Tod zu beschäftigen. Da gab es die ‚Übung vom guten Tod‘, die Vergegenwärtigung der Letzten Dinge. Man hat sich ein Leben lang auf das Sterben vorbereitet. Heute sagen alle: Ich will möglichst schnell und möglichst im Schlaf sterben. Das wäre für einen mittelalterlichen Menschen der Horror gewesen, denn er wollte gut vorbereitet sein auf das Sterben, was auch immer das geheißen hat.

Ich habe das Thema Tod gerade wieder ganz nah erlebt: Im November ist mein Vater gestorben und vierzehn Tage später ein ehemaliger Mitbruder aus Andechs – mit 56 Jahren; wir sind fast zur selben Zeit in das Kloster eingetreten.

Frater Lambert hatte erfahren, dass er Darm- und Leberkrebs hat, und vierzehn Tage später war er tot. Er hat sich in diesen vierzehn Tagen bewusst von allen verabschiedet. Um zwei Uhr morgens hat er mich zu sich kommen lassen und quasi eine Audienz gegeben in der Intensivstation. Wir haben zusammen noch ein Andechser

Bier getrunken. Er wollte unbedingt anstoßen und die Urlaube, die wir gemeinsam verbracht haben, Revue passieren lassen. Nach einer Dreiviertelstunde sagte er: ‚Jetzt gibst du mir bitte noch deinen Segen.' Auf diese Weise hat er sich von allen seinen Freunden verabschiedet und uns aufgetragen, was genau bei seiner Beerdigung passieren soll. Das war sehr berührend.

Er war ein einfacher Mensch; er war gelernter Dreher, hatte aber in Andechs eine tolle Position als Gastmeister. Und zwei Sätze aus der Benediktsregel haben ihn begleitet: An der Barmherzigkeit Gottes niemals verzweifeln. Und: Den Tod ständig vor Augen haben. Nach unserem Glauben, hat er immer gesagt, kann uns ja nichts Schöneres passieren, als dass wir so hinübergehen ins Paradies. Das war schon sehr beeindruckend, wie er sich vom Leben verabschiedet hat."

ANDREAS SCZYGIOL dagegen stellt dem Tod nicht nur das Souterrain zur Verfügung, sondern ein ganzes Haus: „Ich sehe ihn schon eher in einem Haus – weit hinten in einem Gebirgstal. So ein Aussteigertyp, aber nicht in einer einfachen Hütte. Er bewohnt einen alten Bauernhof und lebt dort ganz abgeschieden in der Natur an einem geheimnisvollen Platz."

Ganz im Gegensatz dazu sieht HUBERT BÖKE den Tod ohne festen Wohnsitz und stellt ihn sich vagabundierend vor: „Der Tod ist ein Nomade und keiner, der an einem Ort bleibt. Er zieht vom einen zum anderen, ist immer unterwegs. Sollte er mich um Obdach bitten, wäre für ihn wohl ein Zelt die richtige, weil vorübergehende Behausung. Nach seinem Besuch aber werden wir unterwegs sein auf der Sternenstraße, auf dem Weg in Gottes ewige Welt."

Ein ähnliches Bild vom umherziehenden Tod zeichnet auch WALTER KOHL: „Ein Geist braucht keine Wohnung, er schwebt rastlos und endlos umher, er durchstreift mit schier endloser Energie die Welt. Allerdings ist der Tod stets auch Teil des Lebens, also auch meines Lebens. Eines Tages werde ich sterben; dann treffe ich den Tod. Deshalb hat der Tod schon heute einen Platz in

meinem Leben, aber nicht im physischen, sondern eher im spirituellen Sinne. Der Tod, auch wenn das jetzt vielleicht etwas paradox klingt, ‚lebt' schon zu Lebzeiten in mir, er hat schon heute seinen Platz in meiner Seele eingenommen.
Heute darf ich leben, aber ich weiß, dass ich später zu ihm kommen werde. Ein befreundeter Benediktinermönch hat mir einmal vor vielen Jahren gesagt, dass das Leben auch immer eine Vorbereitung auf den Tod beinhaltet. Damals konnte ich mit dieser Aussage wenig anfangen, heute verstehe ich diesen Satz mit jedem Lebensjahr ein Stück mehr."
Walter Kohls Bild des mächtigen, omnipräsenten Todes löst ein wenig Unbehagen in mir aus. Es ist ein Unterschied, ob ich mir eher abstrakt sage, der Tod sei immer anwesend, oder ihn konkret in mir fühle wie Walter Kohl. Hier tauchen bei mir trotz der Vertrautheit mit diesem Thema unangenehme Gefühle auf. Wir wissen alle, dass der Tod unvorhergesehen und unangemeldet zu uns kommen kann. Unsere Ratio weiß das, und trotzdem kommen unsere Gedankenkonstrukte ins Wanken, wenn wir uns an die Bilder heranfühlen, die wir vom Tod haben.
Sollten wir uns den Tod dann lieber doch nicht vorstellen? Hätten wir dann Ruhe vor unseren Ängsten und Befürchtungen? Wohl eher nicht. Die Angst vor dem Tod ist eine Urangst, die sich in uns ausbreiten und uns für das eigentliche Leben lähmen kann, wenn wir ihr nicht offen begegnen, wie auch immer diese Begegnung individuell aussehen mag. Unsere Bilder sind ein Katalysator für unsere unangenehmen Gefühle, und jeder von uns muss sich diesen irgendwann stellen.
Nun hat HANS LANGNER das Wort: „Der Tod bekommt immer genau das, was ich selbst habe. Er ist ein Begleiter und gehört zum Leben dazu. Er ist in mein Leben integriert. Insofern hat es der Tod immer genauso gut oder genauso schlecht, wie ich es habe. Mitgehangen, mitgefangen? Genau! Der Tod gehört einfach zu jedem Lebewesen dazu, und ich finde es sehr wichtig, dass der

Tod zu Lebzeiten integriert ist. Er lebt einfach mit dem mit, was man macht und ist."

Hans Langner beschreibt hier eher eine abstrakte Idealvorstellung: Der Tod lebt einfach mit einem mit. Das klingt gut und sehr vernünftig. Aber der Weg zu einer so abgeklärten Vorstellung ist nicht so eben und einfach, wie es scheint. Wenn wir oder unsere Liebsten akut vom Sterben bedroht sind, kann uns die Angst mit furchtbarer Wucht treffen und uns buchstäblich lähmen. Dann brauchen wir konkrete Bilder, an die wir zeitweise unsere Angst heften dürfen, um irgendwie handlungsfähig zu bleiben.

Die Auseinandersetzung mit dem Thema Tod ist ein lebenslanger Entwicklungsprozess. Nicht nur unsere eigene Sterblichkeit kann uns Angst und Sorge bereiten; wir sterben alleine und mit anderen zusammen viele Tode im Leben, sogar Tausende, wie die Sufis sagen. Und so verändern sich auch die Bilder in uns immer und immer wieder. Angst ist facettenreich und kleidet sich in unterschiedlichste Gewänder, je nachdem was oder wer in unserem Leben stirbt: ein Lebensentwurf, ein Wunsch, eine Vorstellung, unser Partner, unsere Eltern, wir selbst... Jedes Mal sieht die Angst in uns anders aus, jedes Mal ist es ein anderer gefühlter Tod.

„Warum deckst du den Tisch für drei, Sven? Bekommen wir Besuch?"
„Nein. Ja. Doch! Andrea, ich glaube, ab jetzt sitzt er mit uns am Tisch."
„Wer?"
„Na, er eben."
„Wer ist er?", fragte ich etwas genervt von der Geheimniskrämerei.
„Mein Tod", sagte er kurz, knapp und etwas schnippisch.
Ich ließ vor Schreck irgendetwas fallen. Sven aber deckte weiter seelenruhig den Tisch für „uns" drei.
Von da an wohnte der Tod bei uns. Es war ungefähr drei Jahre vor seinem Tod, und die x-te Operation und Bestrahlung hatten bei

seinem Tumor nicht den geringsten Respekt oder einen Rückzug bewirkt. Mir kam unser neuer Hausgenosse gelinde gesagt ungelegen, waren wir doch erst kürzlich in ein Häuschen auf dem Land umgezogen. Alles stand gerade auf Neuanfang bei uns. Da passte der Tod so überhaupt nicht ins Konzept. Wir wollten leben, schmiedeten unsere Pläne und dachten gar nicht daran, dem Tod nur einen Millimeter Raum zu geben, um diese zu durchkreuzen. Ich wollte, dass er verschwindet: ich oder er. „Sven, komm, wir laden den Tod wieder aus. Das geht, wenn man frühzeitig eine Einladung absagt. Dann ist auch keiner böse", war meine Bitte an ihn. Er lachte und deckte weiterhin den Tisch für uns drei.

Bockig und stur saß ich dann am Tisch und hoffte, mein Schweigen würde das dritte Gedeck schon noch zum Verschwinden bringen. Tat es aber nicht.

Notgedrungen fing ich an, mir Fragen auszudenken, um dem Schweigen aus dem Weg zu gehen. Ich fragte mich, wie der Tod wohl aussieht. Ist er ein Mann oder eine Frau? Wie riecht er oder sie? Bald spielten Sven und ich dieses kleine Spiel miteinander, und ganz leise und zart eroberte sich der Tod allmählich seinen Platz an unserem Esstisch.

Nach einiger Zeit kam kein dritter Teller mehr auf den Tisch. Vorsichtig fragte ich nach. Die Antwort meines Mannes: „Hausherrin akzeptiert neuen Untermieter."

Jedes Mal wenn ich in den darauf folgenden Jahren vom bewussten Kurs abwich und die Situation, die Aktualität des Todes, zu leugnen begann, stand wieder das dritte Gedeck auf dem Tisch.

Ab und an, wenn mich die Ängste und Sorgen des Alltags zu verschlucken drohen, stelle ich auch heute noch, Jahre nach Svens Tod, einen zweiten Teller auf den Tisch und manchmal sogar den dritten. Ich erinnere mich gerne an diese Zeit und bin dankbar, einen so herrlich verrückten Mann gehabt zu haben. Sein Bild hilft mir noch heute immer wieder, neuen Mut zu fassen, Probleme zu relativieren und meinen Horizont freizuhalten.

So wohnt der Tod immer noch hier, jetzt mit mir allein. Und mittlerweile möchte ich ihn auch nicht mehr missen. Im Gegenteil: Ich würde ihn vermissen. Er gibt mir das Gefühl, mich mit dem Unausweichlichen beschäftigt zu haben. Eine Art Freiheit spüre ich dabei, weil ich das Unbekannte, das Ende, mutig in meine Nähe lasse, obwohl Mut eben nicht gerade meine Stärke ist. Wie ich mich dann an meinem Ende verhalten oder fühlen werde, ist eine ganz andere Frage. Wahrscheinlich bin ich diejenige, die am meisten vor lauter Angst zergehen wird. Im Augenblick aber stärkt es mich, den Tod als Lebensbegleiter zu sehen und ihn in meiner Hausgemeinschaft zu haben.
Er bekommt dosiert Aufmerksamkeit von mir, sodass er nicht wie ein vernachlässigtes Kind auf die Idee kommt, aus einem Mangel heraus allen möglichen Unfug in meinem Unterbewusstsein anzustellen. Aber darin sind wir alle ein wenig ungeschickt: Würden wir ihn besser in unsere Hausgemeinschaft integrieren, dann könnten wir aufhören, uns zu ängstigen und würden vielleicht nur noch ein wenig fremdeln.

Vergleich

Die Probleme des Lebens sind an der Oberfläche unlösbar und nur in der Tiefe zu lösen.
   Ludwig Wittgenstein (1889–1951) in *Vermischte Bemerkungen*

Das andere wird plötzlich sehr wichtig in einer Zeit, in der es eigentlich Unsinn ist, die eigene Lage mit irgendetwas oder sich selbst mit irgendjemandem zu vergleichen. Diese Zeiten überspringen das bewusste Vergleichen und zeigen uns als Betroffenen direkt und unverblümt, dass wir anders sind als die anderen. Das Vor-sich-hin-Meckern, das selbstgewählte Unzufriedensein um seiner selbst willen, das alles wirkt lächerlich vor dem Hintergrund einer ernsten Bedrohung des Lebens. Wie schön fühlt sich dagegen eine Unzufriedenheit aus einem freiwilligen Vergleich heraus an, und wie klar gebrandmarkt steht man außerhalb, wenn man wirklich anders ist? Wie viel Platz und Zeit räumen wir als Gesunde unserer Unzufriedenheit ein, die aus dem zwanghaften Vergleichen mit allem entsteht, was anders ist? Heute kann ich gar nicht mehr verstehen, wie man einfach gerne unzufrieden sein kann.
Es gibt sie zuhauf, diese Menschen, die gerne unzufrieden zu sein scheinen, so flächendeckend, wie sie diese Unzufriedenheit um sich und andere herum verbreiten. Es sind oft Menschen, die alles zu haben scheinen – Gesundheit, privates und berufliches Glück, vielleicht auch noch gesunde Kinder –, und trotzdem zerfrisst sie der Unfrieden. Blasen sie die unwichtigen Dinge so groß auf, damit die wirklich großen, aber unangenehmen Themen kleiner erscheinen, ja unsichtbar werden? Wer einmal durch die harte Schule des Schicksals gegangen ist, wer diese tiefgreifenden Veränderungen vor dem nahen endgültigen Ende gespürt hat, der kann bei Unzufriedenheit als Freizeitsport nicht mehr mitspielen.

Vergleich

Angst vor den Lebensgesetzlichkeiten

Von Krankheit und Sterben Betroffene landen hart in einer Welt der Tatsachen. Sie können sich nicht mehr der Realität entziehen, wie wir es alle tun und wie es Fritz Riemann in seinem berühmten Buchklassiker *Grundformen der Angst* so treffend beschreibt: „Mit dieser Realität geht man nun recht großzügig um: Man stellt sie infrage, man relativiert, bagatellisiert oder übersieht sie, man versucht sie zu sprengen, sich ihr zu entziehen und was es sonst noch an Möglichkeiten gibt, ihr auszuweichen, sie nicht anzuerkennen. Damit erlangt man eine Scheinfreiheit, die mit der Zeit immer gefährlicher zu werden pflegt, weil man so in einer unwirklichen, illusionären Welt lebt, in der es nur Phantasie, Möglichkeiten und Wünsche gibt, keine begrenzenden Realitäten."

Das Leugnen von Lebensgesetzlichkeiten treibt uns immer weiter weg von der Realität. Für den Fluchtversuch zahlen wir den Preis, dass wir uns in der „wirklichen Wirklichkeit" nicht mehr zurechtfinden. Da es unmöglich ist, der elementaren Begrenztheit des Lebens zu entfliehen, sind wir, wenn die Sterblichkeit dann doch vor uns steht, schockstarr und hilflos.

Gerne hätten wir dann quasi einen Erste-Hilfe-Kasten. Dieses Bild benutzte ein älterer Mann nach einem Vortrag von mir über die Sterblichkeit. Er werde nun mithilfe eines Erste-Hilfe-Kastens aus meinem Vortrag das Gespräch mit der Endlichkeit suchen, um nicht mehr verstummen zu müssen beim Kontakt mit Kranken und Sterbenden. In seinem Alter starben viele seiner Freunde und Bekannten, und er wusste nicht, was er zu den Angehörigen sagen sollte. Er wollte auch wissen, was er zu seiner eigenen Sterblichkeit sagen soll: „Was sage ich denn zu mir selbst, zu meiner Angst vor dem Unausweichlichen? Das sollte ich wissen, bevor ich auf andere zugehe, oder? Ich hoffe, dass, wenn es auf das Sterben zugeht, jemand da sein wird, der mich begleiten kann, der mir in meiner Angst beistehen wird, der mir die Hand reichen kann."

Vergleich

Wir sind alle aufeinander angewiesen – in Krisenzeiten ganz besonders. Wir spüren es dann mehr, weil unsere eigenen Möglichkeiten schrumpfen und wir die Ressourcen der anderen brauchen. Die Betroffenen hoffen, dass die anderen ihre größte Not spüren, wenn sie nicht mehr imstande sind, um Hilfe zu bitten. Wenn sie sich nicht mehr zu bitten trauen, weil sie schon so viel Hilfe haben annehmen müssen, weil sie schon zu viel Kraft brauchen allein für den Wunsch nach Hilfe. Ihn auszusprechen ist ihnen oft schon nicht mehr möglich.

Nach dem Einzug ins neue Häuschen auf dem Land fuhren Sven und ich in einen Baumarkt, um Material für kleine Umbauten zu besorgen. Es war schönes Wetter, wir waren guten Mutes und auf Neuanfang gepolt, wollten nicht in den Strapazen seiner letzten Operationen stecken bleiben. Wir ließen uns ein wenig anstecken von der samstäglichen Geschäftigkeit: Einkaufen im Baumarkt und Autowäsche – ein wenig gehörten wir schon wieder dazu.
Sven sah man die Krankheit jetzt stark an, und die grobe Naht, die von einem Ohr zum anderen über den ganzen Schädel reichte, zog neugierige Blicke an. Ich hörte hinter uns schon etliche Zeit Gelächter, gab aber nicht viel darauf. Kritisch wurde es für mich, als eine Gruppe von jungen Erwachsenen kurz neben uns stehen blieb und Sven fragte, ob sie ihm das komplette Hirn herausoperiert hätten? Sven verstand erst einmal nicht, und ich schob ihn in den nächsten Gang. Dort beschäftigte er sich mit der Auswahl von Fliesen. Ich kehrte währenddessen zu der Gruppe zurück und sagte gehörig meine Meinung. Ich war fürchterlich wütend, und sie bekamen auch einiges ab, wofür sie nicht der Auslöser waren, aber in dem Moment waren ich und meine Wut einfach nicht aufzuhalten. Dann gingen Sven und ich zur Kasse.
Nach dem Bezahlen stellten wir uns an einem Imbissstand am Eingang des Baumarkts an, um etwas fürs Mittagessen zu kaufen. Plötzlich stand links neben mir ein junger Mann, und ich dachte,

noch ganz auf Krawall gebürstet: „Na super, jetzt drängelt sich auch noch jemand vor." Aber stattdessen hörte ich ihn sagen: „Ich würde Sie beide gerne zu Ihrer Bestellung einladen. Es würde mich freuen, wenn Sie das annehmen würden." Es war einer von den Jungs, die sich noch kurz zuvor über Sven lustig gemacht hatten. Mein Mann hatte schon ein dickes Grinsen im Gesicht und schlug vor, spontan wie er war, für alle Grillhähnchen zu kaufen, um sie gemeinsam bei uns zu Hause zu essen.

Und so saßen wir eine Viertelstunde später bei uns und verbrachten mit den wildfremden Halbwüchsigen den Nachmittag. Sven war ein guter Geschichtenerzähler, und gebannt hörten sie ihm zu. Zwischendurch wurden die Narben und der wieder eingesetzte Knochendeckel in der Stirn begutachtet. Die Gespräche wanderten von diesen Themen bis hin zu den Berufswünschen unserer Gäste. Es war eine sehr offene Runde, ganz spontan. Zu einem von ihnen habe ich noch heute Kontakt.

Distanz trügt und hilft nicht weiter

Der ahnungslose andere, der noch nie schwere Krankheit und das Sterben von Freunden und Angehörigen erlebt hat, schlägt aus Unwissenheit leicht versehentlich eine Wunde bei Betroffenen. Wie schnell fällt eine dumme Bemerkung über das sichtbare Anderssein oder ein Lachen, das dieses Anderssein auf Distanz hält. Ich belächle nur das, was ich glaube nicht in mir selbst zu finden. Ich hoffe, es nicht in mir finden zu müssen, weil ich ganz tief in mir Angst habe, mir könnte es genauso ergehen. Dieses Auslachen ist nichts anderes als ein Böller, der die Gespenster der Realität vertreiben soll. Das Ausgrenzen, das Distanzhalten hat aber auf Dauer keinen Bestand, und wir müssen immer mehr Kraft aufwenden, um die, wie Riemann sie nennt, „Lebensgesetzlichkeiten" von uns fernzuhalten, denn es ruft von ganz unten in uns herauf: Bist du dir sicher, dass dich all das nie treffen wird?

Vergleich

Jener junge Mann, zu dem ich heute noch Kontakt habe, erzählte mir, dass er bis zu der Begegnung damals im Baumarkt noch nie mit den Themen Tod, Krankheit oder Sterben in Berührung gekommen war; er war damals 19 Jahre alt. Als seine Großeltern starben, war er zehn Jahre alt gewesen. Wie oder woran sie gestorben sind, darüber wurde in der Familie nicht gesprochen. Noch nicht einmal auf der Beerdigung sollten er und seine Geschwister erscheinen. Die Großeltern waren nun einfach weg, und auch sonst war der Tod nie ein Thema in der Familie. Die Einstellung des Vaters war: Über so etwas spricht man nicht.

Aber wenn wir das Leid und das Unglück von anderen derart aus unserem Leben ausschließen und fernhalten, wie sollen wir dann zu einem guten Miteinander finden?

Vor lauter Angst, mich mit dem Schmerz der anderen sozusagen zu infizieren, verschließe ich mich wie eine Auster. Die anderen tun das Gleiche, und so halten wir maximale Distanz zueinander. Jeder von uns hofft, so wenig Leid und Unglück wie möglich erleben zu müssen. Aber das ist eben nur eine Hoffnung, und die Realität sieht anders aus. Sie zu leugnen schafft nur eine trügerische Sicherheit auf Zeit. Das entfremdet uns nicht nur von den Mitmenschen und dem Leben, sondern vor allem von uns selbst, denn so leugnen wir schlicht und einfach einen festen Anteil von uns und dem Leben. Mit dieser Distanz zum nicht gelebten Teil, mit diesem blinden Fleck gehe ich auf mein Gegenüber zu und erwarte mir mit halber eigener Präsenz volles Programm vom Gegenüber, vom Leben und von mir selbst. Wie soll das gehen? Und welchen Preis zahlen wir dafür? Einen beträchtlichen Preis, und es ist fraglich, ob wir ihn zahlen würden, wenn wir die Antwort auf die Frage hätten, wie wir wirklich leben wollen. Denn wenn ich mir diese Frage im Ernst stelle, erkenne ich, dass das Unglück als Gegenpol notwendig ist, um intensives Glück zu erleben. Wenn ich Schmerz und Leid empfunden habe, erkenne ich, wie schön das Gegenteil ist. Dann empfinde und lebe ich ganzheitlich.

Vergleich

Wir alle sehnen uns nach Glück, Liebe und Geborgenheit. Deshalb sollten wir diese Dinge großzügig verschenken, denn sie kommen doppelt und dreifach zu uns zurück. Wenn es nicht der direkt von uns Beschenkte zurückgibt, dann eben ein anderer; aber es sucht sich seinen Weg zu uns zurück. Die Psychologie weiß längst: Wenn wir anderen Gutes tun und ihnen ein wenig Glück bescheren, machen wir uns selbst am meisten glücklich.

Unglück leben, Glück verschenken – das klingt wenig populär. Aber ich habe es ausprobiert; zugegeben nicht ganz freiwillig. Und ich muss Ihnen sagen: Es funktioniert, und ich bin dankbar dafür, denn sonst könnte ich sicherlich nicht so viel Freude empfinden, wie ich das mittlerweile tue. In schmerzhaften Zeiten erinnere ich mich an das Glück, das wiederkommen wird, und in glücklichen Zeiten genieße ich vieles, als wäre es das letzte Mal. Wir dürfen das jeweils andere in uns nicht ausschließen, sondern müssen es uns als Hilfe und Stütze bereithalten. So entsteht ein Miteinander in uns selbst und mit anderen – fernab von jeglichem Vergleich, aus dem nur Unzufriedenheit und Unglück entstehen können, weil es immer jemanden geben wird, der mehr vor irgendwas hat, ein größeres Haus oder ein fetteres Bankkonto.

Vielleicht müssen wir den Vergleich aber auch nur positiv nutzen. Der Dalai Lama sagt, wir sollten uns auf die Dinge konzentrieren, die uns verbinden, und nicht auf die trennenden. Wenn wir uns im negativen Sinn vergleichen, werden wir nur sehen, was der andere hat und wir nicht. Aus Neid entsteht immer das Gefühl des Andersseins, der Fremdheit. Das ist seiner Meinung nach der Grund für viele Probleme auf Beziehungsebene, von Mensch zu Mensch, aber auch zwischen Völkern. Halten wir uns an das Verbindende, erkennen wir uns im Gegenüber wieder, sehen dieselben Ängste und Sorgen, den Wunsch nach Glück und Gesundheit, nach Frieden wie in uns selbst. So fällt es leichter, verbindende Brücken zu bauen zu einem Mitmenschen, der auf den ersten Blick so ganz anders erscheint als wir selbst.

FRAGE

Der Tod ist Ihr letzter und einziger Gast. Was gibt es zu essen? Kochen Sie selbst oder kommt der Pizzadienst?

> Neither! She can have leftovers of what I am eating.
> [Weder noch! Sie kann essen, was ich übriglasse.]
> *Nando Parrado*

Gibt es etwas Besonderes oder das Alltägliche? Die meisten Interviewpartner tischen dem Tod etwas Besseres auf oder das, was sie am besten kochen können – so auch ich. Haben wir in unserer Gesellschaft eine luxuriöse Vorstellung vom Tod? Müssen wir ihn wie uns selbst beeindrucken mit schönen Bildern, ihn gar verwöhnen, damit er auch uns verwöhnt?
Bei anderen bekommt er etwas davon ab, was sie im Moment selbst essen oder zur Verfügung haben. Oder was übrig bleibt, wie NANDO PARRADO schreibt: Das klingt hart, ist aber verständlich aus seiner besonderen Geschichte heraus, die ihn mit dem Hungertod konfrontiert hat. Er war als junger Mann mit anderen zusammen in einem Flugzeug in den Anden abgestürzt, und die Überlebenden harrten dort über Wochen aus. Sie mussten Körperteile von Verstorbenen essen, um zu überleben. Dem Tod schon näher als dem Leben machten sich schließlich Nando Parrado und ein Freund auf und konnten Hilfe holen.
Ich höre mich aus Kindertagen sagen: „Oma, was gibt es zu essen?" Jede Woche heckte ich mit ihr zusammen den Speiseplan für die nächste aus, um mich immer schon auf das freuen zu können, was

es anderntags zu essen geben würde. Gab es ein Gericht, das ich nicht mochte, musste ich es nicht essen. Meine Oma kochte mir dann etwas anderes. Ich musste Gott sei Dank nie erfahren, wie es ist, etwas essen zu müssen, was ich nicht mochte.

Sven sollte das auch nicht. In seiner letzten Zeit wechselte sein Geschmack oft sehr schnell. Gerade noch wollte er einen Apfel, und kaum fütterten wir ihn damit, schmeckte er ihm nicht mehr. Das waren keine Launen; sein körperlicher Zustand wechselte sehr schnell, und mit den Schmerzen ändern sich eben auch die Lust und der Appetit. Eben schien etwas noch ein verlockender Hochgenuss zu sein, und fünf Minuten später wurde ihm übel davon. Zumindest den Luxus sollte er in seiner letzten Zeit haben, nur essen zu können, worauf er gerade Lust hatte und was ihm Freude bereitete, egal wie schnell sein Appetit wechselte.

Noch zwölf Stunden vor seinem Tod wünschte Sven sich sein Lieblingsgericht: Dampfnudeln mit Vanillesauce – ein bayerisches süßes Hauptgericht. Schon der Geruch aus der Küche zauberte ihm ein Lächeln ins Gesicht. Bis zu diesem letzten Tag hatte er noch essen können – wenig, aber regelmäßig. Aber beim ersten Löffel verschluckte er sich jetzt so stark, dass ich Panik bekam, die Palliativschwester anrief und um Rat fragte.

Ihre Antwort war, sein Schluckreflex funktioniere nicht mehr richtig, und jetzt sei der Zeitpunkt für die Morphium-Pumpe gekommen. Da er nun auch seine zu Brei zerstoßenen lebenswichtigen Medikamente nicht mehr nehmen konnte, begann jetzt das eigentliche Sterben. Und ich stand da vor ihm mit einem Teller voller Essen, einem Symbol für Leben, und durfte ihm nichts geben, weil er daran erstickt wäre.

CHRISTINE BRONNER bestätigte mir, dass es mit das Schwierigste für Angehörige bei der Pflege von Sterbenden ist, ihnen irgendwann nichts mehr zu essen geben zu können. In diesem Moment wird einem selbst erst bewusst, dass genau dann das eigentliche Sterben beginnt. Solange man isst, lebt man.

Kochen und Essen zählen zum Sinnlichsten, was wir erleben. Der Genuss beginnt schon beim Sammeln und Jagen, Angeln, Ernten oder Einkaufen und steigert sich bei der Zubereitung: Zusammen in der Küche stehen und reden, schnippeln und in Töpfen rühren, dazu ein Glas guter Küchenwein, Begleitmusik und eventuell sogar ein Tänzchen… Was gibt es Schöneres? Vielleicht lade ich meinen letzten Gast, den Tod, dazu ein?

Oder ist er ein Gast, der sich lieber an den gedeckten Tisch setzen möchte? Wahrscheinlich. UDO HAHN hat dafür den perfekten Vorschlag: „Ich würde ihn zum Aperitif erwarten – zu einem Gin Tonic und etwas Käse, Schinken und Oliven. Er wird sich nicht lange aufhalten wollen, denn er ist der Chauffeur. Ich werde zu einem großen Festessen (wie es die Bibel verheißt) erwartet."

Ich vermute, der Tod wird vom vielen Umherreisen müde sein. Ich werde also alle kulinarischen Register ziehen, um ihm eine Freude zu bereiten. Oder eher mir die Freude zu bereiten, am Schluss von ihm zu hören: ‚Es war ein wunderbares Essen.' Mich noch einmal als gute Gastgeberin fühlen zu dürfen soll wohl den Schmerz über den endgültigen Abgang dämpfen.

Auch ANSELM BILGRI empfindet den Tod als besonderen Gast, und er vergisst auch sich selbst nicht, seinen Genuss und seine Freude an diesem letzten Mahl: „Da kommt kein Pizzadienst, da koche ich selbst, denn er ist schon ein vornehmer Gast. Wenn der Komtur in der Oper *Don Giovanni* von Mozart anklopft und ihn holt, das ist auch ein Bild dafür, dass er ein vornehmer, ein mächtiger Gast ist, vor dem man Respekt hat. Und da ist es der Anlass wert, selber zu kochen. Ich werde ihm etwas vorsetzen, das wahrscheinlich nicht alle meine Kochkünste fordert, aber schon etwas Gutes. Mein Lieblingsessen seit der Kindheit ist Schweinsbraten mit Kartoffelknödeln. Das wird dann doch ein wenig aufwendig, aber es ist ja schließlich mein Abschiedsessen."

„Sage mir, was du isst, und ich sage dir, wer du bist", sagte schon der Philosoph Ludwig Feuerbach (1804–1872). Psychologen können tatsächlich von einem bestimmten Ernährungstyp auf einen Charaktertyp schließen. Was wäre der Tod wohl für ein Ernährungstyp? Und vor allem was für ein Charaktertyp? Ist er ein Stress- und Frustesser, der sich Kummerspeck anfuttert, weil er seine schlechten Gefühle dämpfen muss? Wir gehen ja meist nicht freiwillig mit ihm, und das macht ihm bestimmt keine guten Gefühle. Läuft er deswegen vielleicht Gefahr, wie MARGIT GRATZ schreibt, an Adipositas zu erkranken? „Wenn ich kochen würde, wäre das äußerst unangenehm für ihn, weil ich nicht kochen kann. Da hätte er also richtig Pech. Die Verköstigung hinge sehr stark davon ab, in welcher Phase meines Lebens er mich trifft. Wenn ich bereit(et) bin zu gehen, könnte ich ein schönes Menü besorgen. Wenn ich noch Unerledigtes hätte, würde es auf den Pizzadienst hinauslaufen, weil ich mich um meinen eigenen Kram kümmern müsste. Ich würde ihm ein paar Flyer von Lieferdiensten hinlegen: Italienisch, Chinesisch, Thailändisch, das wäre mir egal. Bestellen müsste er ohnehin selber. Aber dann frage ich mich, wer die drohende Adipositas des Todes behandeln soll, wo er doch bei jedem etwas zu essen bekommt."

Ich wünsche mir, dass er der Genuss-Typ ist und sich über Anselm Bilgris Schweinebraten freuen würde. Laut Untersuchungen ist dieser Menschenschlag eher ein Auslaufmodell, weil man dafür Zeit braucht. Aber wer sie sich nimmt, kann genießen. WALTER KOHL nimmt sich die Zeit und arrangiert einen rustikalen Genuss in der Natur: „Ich würde mit ihm an einem schönen Ort in der Natur grillen. Dort würde ich ein Feuer entfachen und es dann langsam bis zur Glut herunterbrennen lassen. Dann würde gegrillt, Fleisch und Kartoffeln in Alufolie, dazu Tomatensalat. Gemeinsam würden wir auf Baumstümpfen sitzen, über das Leben philosophieren und viel lachen. Dazu würde ich einige Gläser Rieslingschorle trinken. Ich würde ihm ein Glas anbieten. Ich weiß nicht, ob der Tod Rieslingschorle mag, aber ich wünsche es ihm. Wenn dann das Essen vorbei und die Glut erloschen ist, würde ich ihn anschauen und sagen: ‚Okay, das war es jetzt. Lass uns jetzt bitte gehen.'"

Hat er Zeit? Haben wir Zeit? Genug Zeit, um unser Leben zu genießen, dankbar zu sein, Demut zu üben vor der Großartigkeit des Lebens und der Welt? Oder sind wir der Pizza-auf-die-Hand-Typ: Kein Getue – Hauptsache, schnell satt?

HUBERT BÖKE bestellt Pizza für den Tod, aber nur weil er nicht kochen kann: „Da ich Pizza für mein Leben gerne esse, wäre eine gute Pizza zumindest für meine Henkersmahlzeit eine gute Wahl. Da ich kein großer Koch bin, sollte ich diese Pizza wohl bestellen. Besser noch wir gingen zu unserem Lieblingsitaliener. Ich weiß nur nicht, was der dazu sagen würde. Aber ich denke, nicht ich habe dem Tod etwas zu bieten, sondern wohl er mir: Ich denke an das Märchen *Der Tod im Pflaumenbaum*: Eine alte Frau verbannt den Tod auf einen Obstbaum, bis all jene an ihrer Türe rütteln, die der Tod längst hätte holen sollen oder die ihn herbeisehnen. Sie geht in den Garten. Dort sitzt der Tod auf dem Baum. Als sie mit Angst und Schrecken den Bann löst, steigt er herab ... und reicht ihr die Pflaumen, die sie in ihrer List vom Tod erbeten hat: ‚Damit dich nicht hungert auf dem Weg mit mir.' – ‚Ist's weit, Tod?' – ‚Weit ist's schon. Doch führe ich dich gut. Wenn die Sonne aufgeht, wirst du zu Hause sein.'"

Mein Abschiedsessen vom Leben will ich ausrichten, wie ich versucht habe zu leben, wie ich mir gewünscht habe zu leben, was oft nicht gelungen ist, weil das Leben anderes vorhatte. Der Tisch wird festlich gedeckt sein mit den besten Gläsern, Kerzen leuchten, das Kaminfeuer knistert. Dazu würde ich mich gerne kulinarisch in die schönsten Momente zurückversetzen: auf Reisen in Marokko und Frankreich. Das haben wir auch in den letzten Wochen von Sven praktiziert: Alle seine Lieblingsgerichte wurden aufgekocht. An den Wochenenden kochte ich zusammen mit Freunden, und wir verspeisten unsere Kunstwerke gemeinsam am Bett von Sven wie bei einem großen Picknick. Wir teilten unsere

Wie bewirten Sie den Tod?

Erinnerungen, die mit diesen Gerichten verbunden waren, und es lag eine bittere Süße für uns in diesem Gegensatz: Das Glück des Jetzt erleben im Schmecken und Genießen, zugleich die Sehnsucht nach den Orten, wo wir diese Gerichte zum ersten Mal gegessen hatten und die wir nie wieder zusammen besuchen können.

An ein Frühstück in dieser Zeit erinnere ich mich besonders: Ich pflückte frühmorgens die ersten Brombeeren und kochte daraus Svens Lieblingsmarmelade. Es war Wochenende, und langsam wachte das Haus mit all seinen Übernachtungsgästen auf. Wir frühstückten alle gemeinsam im Bett frische Croissants, Marmelade und Kaffee. Sven wurde abwechselnd von uns gefüttert und lag wie ein glückliches Baby in den Armen seiner Liebsten. In der Frische dieses Sommermorgens vergaßen wir für einen Moment die Bedrohung und feierten noch einmal unser Leben.

Wir machten es wie Babette in der Novelle *Babettes Gastmahl* von Tania Blixen. Ein befreundeter Psychoanalytiker schenkte mir das Büchlein nach Svens Tod, denn er meinte damals, wir hätten so gelebt wie die Köchin in der Geschichte: Sie gibt ihren ganzen Lotteriegewinn für ein kulinarisches Lebensfest aus.

Wir hatten allerdings nicht im Lotto gewonnen, sondern ich machte all unsere Sicherheiten zu Geld und gewann dadurch Zeit für Sven und mich. Das gab uns einen Rahmen, in dem wir mit den Möglichkeiten, die wir hatten, noch einmal unser Leben feiern konnten. Das letzte Dreivierteljahr verbrachten wir einfach die komplette Zeit zusammen.

HANS MEISER hat nun das Wort: „Da der Tod und ich ja identisch sind beziehungsweise ich ihn in mir trage, wird dieses letzte Mahl so sein wie immer, denn wir kennen nicht Tag noch Stunde ... Aus diesem Grund genieße ich jede Mahlzeit, denn es könnte ja sein, dass ihr keine mehr folgen wird ..." Der Gedanke, es könnte das letzte Mal oder Mahl sein, sollte fester Bestandteil unserer Lebenseinstellung sein. Wir sollten Genuss aus allem und jedem im Leben ziehen im Bewusstsein, dass es das letzte Mal sein könnte.

Verletzung

Da man uns verletzt hat, errichten wir eine Mauer um uns herum, damit man uns nie wieder verletzt; und wenn man eine Mauer um sich herum errichtet, [...] wird man nur noch mehr verletzt.

Krishnamurti (1895–1986)

Es gibt zwei Wege, mit Verletzungen umzugehen: Der eine führt ins Leben, der andere hinter unsere eigenen Mauern. Wir können uns entweder vor die Verletzung stellen und in Richtung Leben schauen oder uns hinter der schmerzlichen Erfahrung verstecken. Nur: So verstecken wir umgekehrt das Leben vor uns, und es kann uns nicht mehr oder nur noch bedingt erreichen.
Erlebte Kränkungen und Enttäuschungen kann ich wie Mauersteine verwenden. Daraus baue ich eine hohe Mauer um mich herum, hinter der ich mich sicher fühlen will. Menschen oder Erfahrungen können mir nichts mehr anhaben; ich bin geschützt von dieser hohen Mauer, in der es vielleicht gerade noch kleine Luken gibt, um ab und an im Schutz des dicken Gemäuers die Welt da draußen aus sicherer Distanz beobachten zu können. Mit dem einseitigen, toten Blick nach draußen entstehen Sehnsüchte, die sich hinter diesem Bollwerk nie erfüllen werden.
Ich mag mich eine Zeit lang ruhig und entspannt fühlen innerhalb meines Schutzwalls. Ruhig macht mich unter anderem, dass ich die Kontrolle habe. Ich entscheide, wie viel von dem gefährlichen Leben da draußen mich noch erreichen darf. Ich genieße die Welt vor mir, indem ich sie, entspannt auf meinem inneren Sofa liegend, wie einen Film betrachte, den ich mir aus einer DVD-Sammlung je nach gewünschtem emotionalem Effekt ausgesucht habe. Sehnsüchte werden dabei nur scheinbar lebendig, dummerweise gepaart mit Frustration, weil ich das Leben zwar sehen darf, aber nicht

Verletzung

mehr spüren kann, denn kein Gefühl dringt durch die Mauer, weder aus der einen noch aus der anderen Richtung.

Ich scheine alles im Griff zu haben, und mein Leben ist eine ruhige, durchgezogene Linie, frei von Ausbrüchen nach oben oder unten. Der Konsum, der heutzutage wirklich auf allen Ebenen möglich ist, nährt meine Illusion am Leben zu sein.

Dass mein Herz aufgehört hat zu schlagen, höre ich nicht, und die Geräusche des Lebens dringen nicht zu mir durch. Ich kann mich sehr schön um mich, meine Illusion, meine selbst kreierte Realität drehen, immer weiter und weiter, bis mir schwindelig wird. Wenn ich Glück habe (zuerst erscheint es als Pech), dann darf ich vielleicht erkennen, dass ich mir selbst die größte Verletzung zugefügt habe, zu der das Leben nie imstande wäre. Ich habe mich hinter meinen angeblich schützenden Mauern in einen Zustand gebracht, in dem ich nur lebendig erscheine; innerlich habe ich mich längst selbst getötet. Indem ich dem Leben keinen Zutritt mehr erlaube, schütze ich mich vor mir selbst, vor meinem Schmerz. Und der wird immer größer, je mehr ich mich zu schützen versuche. So ähnlich läuft es bei vielen, die zu mir in die Praxis kommen und im Konflikt sind zwischen dem Erkennen, dass sie wieder hinaus müssen ins wirkliche Leben, und der Unfähigkeit, das zu bewerkstelligen ohne den Schutz ihrer Festung.

Zum Leben gehören unausweichlich Verletzungen, und die größte darunter ist wohl der Verlust eines geliebten Menschen. Gerade für so existenzielle Verluste brauchen wir eine Basisausrüstung, um damit umgehen zu können und uns in den harten Zeiten von Krise und Trauer nicht vom Leben abzuschotten.

Dazu müssen wir erkennen, dass das Unglücklichsein zum Leben gehört. Ist es nicht geradezu notwendig? Sind es nicht gerade die tiefen, schweren Gefühle, die uns auf unseren Seelengrund begleiten, zu unserem Ursprung, zu der eigentlichen Kraft in uns? Wir alle kennen das Gefühl, etwas geschafft zu haben, vor dem wir furchtbare Angst hatten. Die Angst überwunden zu haben, innerlich gewachsen zu sein, einen neuen Weg gefunden zu haben – das macht uns wirklich stolz, das lässt einen sich selbst spüren, gibt einem Kraft und Mut für das Weiterleben.

Stark genug sein für die Verletzlichkeit

Verletzlichkeit zu zeigen ist nicht Schwäche, sondern Stärke, gar nicht den anderen, sondern mir selbst gegenüber. Ich muss mich nicht vor mir selbst verstecken und kann zu mir stehen – im Positiven wie im Negativen. Mit meiner Verletzung, meiner Traurigkeit und meinem Unglück stehe ich nackt auf meinem Seelengrund – aber nicht allein damit. Denn wie der katholische Religionsphilosoph Karl Rahner (1904–1984) sagte, sind dort auch meine Freude und mein Glück verankert. An diesem Ort ist alles: mein Paradies, der Ort, an dem ich immer wieder neu aus mir schöpfen darf.

Es wäre falsch, Verletzlichkeit als Schwäche zu verurteilen, für die wir uns schämen müssten und die uns von anderen trennen könnte, wenn wir sie zeigen. Das Gegenteil ist der Fall: Wenn wir uns in der Verletzung gegenseitig erkennen, geschieht etwas sehr Vertrauensvolles und Verbindendes. Wir sind doch immer stark und schwach zugleich. Wenn ich Schwäche zeigen kann, brauche ich nicht als Gegenpol übertriebene Stärke zur Schau zu stellen. Alles beides ist in uns vorhanden und darf da sein.

Manchmal kommt mir das Leben wie ein großes Pendel vor, das zwischen Glück und Unglück hin- und herschwingt. Wenn wir nun unser Unglück nicht mehr leben, unsere Traurigkeit gar nicht mehr zulassen und unseren Schmerz vermeiden, also das Pendel auf der Seite des Glücks festhalten wollen, woher soll es dann noch den Schwung für die Bewegung bekommen? Das Pendel würde irgendwann am Nulldurchgang zwischen Glück und Unglück zum Stillstand kommen. Diese Position scheint nur auf den ersten Blick verführerisch, denn der Preis dafür ist hoch, zu hoch, wie ich finde, dann es ist der emotionale Totpunkt.

Es ist absurd: Wir lechzen danach, alles intensiv, glücklich, frei und bewusst zu erleben, wie Lemminge laufen wir hinter den Verheißungen unserer Gesellschaft her, die uns suggeriert, dass wir nur dies oder jenes konsumieren müssten, dann würden das Glück, die Freiheit, das intensive Leben auch bei uns Einzug halten. Das Streben nach diesem künstlich hergestellten, verführerisch vielfältigen Seelenheil macht uns zu adipösen Glücks-Fastfood-Junkies. Wenn wir nachhaltig und ganzheitlich leben wollen, aber das Pendel krampfhaft immer nur auf der einen Seite halten wollen, erwacht immer wieder ruhiggestellter, nicht gelebter Schmerz und ruft nach mehr und mehr Betäubung und Ablenkung.

Einige Jahre nachdem ihr Mann verstorben war, kam eine Klientin zu mir in die Praxis, weil sie einen Zusammenbruch erlitten hatte. Ihr war unbegreiflich, wie das passieren konnte, denn ihrer Meinung nach hatte sie den Verlust bestens verarbeitet und stand seit Langem wieder aktiv mitten im Leben. Gleich nach dem Tod ihres Mannes stieg sie wieder in ihren Beruf ein, den sie für die Pflege kurzzeitig aufgegeben hatte. Sie hatte einen Freundeskreis, machte einige Reisen pro Jahr, besuchte unterschiedliche Kurse und Seminare... Kurzum: Nach außen erschien sie wie die perfekte Witwe. Die Trauer schien weit weg und gut verdaut zu sein. Sie erzählte mir, sie hätte nicht einmal weinen müssen, keine depressive Verstimmung gespürt, nichts. Alles war fein nach dem Tod ihres Partners. Die erste Zeit über hatte sie sogar eine Art Hochgefühl, welches dann die letzten Jahre über abgeebbt war. Übrig blieb ein scheinbar selbstzufriedener Zustand. In unseren Gesprächen fanden wir heraus, dass sie sich nie den Schmerz hatte fühlen lassen. Immer hatte sie ihn sofort verpackt in allerlei Aktivitäten, sodass es keinen Platz dafür gab, ihre Trauer zu fühlen.

Weigern wir uns, die unangenehmen Emotionen zu fühlen, können wir auch die schönen nicht mehr erleben. Wir schalten unser ganzes Fühlen auf Null, und weder das eine noch das andere kommt noch an uns heran, denn das Pendel schlägt gar nicht mehr aus. Wir versuchen uns dann durch noch mehr schöne, interessante, glückverheißende Aktivitäten wieder in Stimmung zu bringen, brauchen aber immer mehr Kraft, um die Frustration zu verdrängen, die sich trotz der hektischen Aktivitäten der Glückssuche breitmacht. So entsteht ein Kreislauf, der uns erschöpft und ausbrennt. Für ein nachhaltig zufriedenes, glückliches und wahrhaftiges Leben haben wir nur eine Möglichkeit: alles zu fühlen und beide Seiten zu erleben – Höhen und Tiefen, Schmerz und Glück, Freude und Trauer.

Verletzungen als Wegweiser

Wenn ich mir meine eigene Endlichkeit bewusst mache, wird mir bewusst, dass ich gar keine Zeit habe, Umwege zu gehen, um den Schmerz zu vermeiden. Dafür ist das Leben zu kurz. Dann lebe ich ihn lieber, fühle ihn und lasse ihn dafür nicht zusätzlich meine positiven Emotionen lähmen. Das heißt nicht, dass Schmerz und Verletzungen dann keine Narben hinterließen. Die sehe und spüre ich genau so, wie ich meine Lachfalten sehe, die Spuren meines Glücks. Beides zusammen bildet die Landkarte, an der wir uns im Leben orientieren können. Sie wird von Jahr zu Jahr detaillierter und präziser in ihrer Wegführung. Gerade die Verletzungen sind die besten Wegweiser: Sie zeigen auf mich selbst, denn in ihnen erkenne ich mich und meine Schwachstellen, mit denen ich mich dann versöhnen kann. Niemand holt freiwillig seine Schattenseiten ans Licht. Es ist ein ganz eigenes Abenteuer, seine innere Topographie zu erwandern, in der sich Berg und Tal abwechseln, zu erleben, wie dieses emotionale Erwandern der Seele die eigene Persönlichkeit trainiert und kräftigt.

Wenn wir Verletzung und Schmerz genauso in unser Leben integrieren wie Freude und Glück, schenken wir uns Ganzheitlichkeit, weil wir uns dem Leben mit allem stellen, was wir haben. So können wir aus dem Vollen schöpfen und mutig Großes wagen.

FRAGE

Gibt es einen Ort, wo Sie am liebsten sterben würden?

> An dem Ort, in dem Haus, in dem ich geboren wurde – auf dass der Kreis sich schließt.
>
> *Hans Meiser*

Noch einmal ist es Nando Parrado, der mich mit seiner kurzen und klaren Antwort beeindruckt, die sicherlich seinen extremen Erfahrungen entspringt: „Anyplace without suffering. [Irgendwo, wo ich nicht leiden muss.]"

Christine Bronner formuliert diesen Wunsch konkreter: „... bitte am liebsten auf der Palliativstation von Johannes von Gott, unter der Regie von Herrn Dr. Binsack und Frau Dr. Petersen als psychosomatische Betreuung, und wenn es noch geht, die Schwester Renate dazu, dann wäre es perfekt..."

Auch Anselm Bilgri hat den Wunsch, in einem Hospiz sterben zu dürfen: „Ich weiß nicht, ob es heute noch geht, ganz schlicht zu Hause zu sterben, weil man doch mit Apparaten und Infusionen versorgt wird. Auf der Intensivstation einer Klinik möchte ich aber nicht unbedingt sterben. Ich habe beruflich viel mit Sterbenden zu tun gehabt, und die Hospize machen das sehr schön und freundlich. Sie begegnen dem Thema sehr positiv. Hier könnte ich mir das Sterben gut vorstellen, vielleicht in einem Zimmer, wo man einen Blick ins Grüne hat."

Auch Martina Bühler-Karsubke hat genaue Vorstellungen von der Umgebung für den Zeitpunkt des Todes: „Vermutlich wünscht sich jeder, dass es ihn schnell trifft. Auf der Bühne des Lebens. Zack-Bumm und weg! Sollte ich im Bett liegen müssen, dann würde ich mir wünschen, dass die Umgebung schön, angenehm temperiert, sauber, ruhig und ordentlich ist. Frische Luft wäre schön, ob im Krankenhaus oder im eigenen Bett. Eine ruhige, natürliche und unaufgeregte Atmosphäre wäre gut." **Wir brauchen konkrete Vorstellungen, um eine Ahnung davon zu bekommen, wie wir sterben wollen.** Um unsere Bedürfnisse zu wissen ist die Voraussetzung für eine entsprechende Vorbereitung.

Dr. Erich Rösch kennt seinen Wunschort genau und stellt das Foto davon sogar für seine berufliche Vision zur Verfügung: „Ja, den gibt es tatsächlich. Es ist der Uferkilometer 19,8 am Walchensee bei Bad Tölz. Auf der Startseite vom Bayerischen Hospizverein ist ein Foto davon zu sehen. Die Uferlinie und die Wasserspiegelung dort formen zufällig das Sinnbild der Hände nach, das Logo des Bayerischen Hospizverbands. An diesen Ort fahre ich auch im Sommer mit meiner Familie zum Baden. Hier wäre es recht zu sterben…" Wenn jemand weiß, was er will, kann er entsprechende Vorbereitungen treffen. Das heißt nicht, dass Herr Dr. Rösch wirklich dort am Walchensee sterben wird, aber das klare Bild hilft ihm sicher und vermittelt positive Gefühle.

Ich selbst möchte in den Bergen auf einer blühenden Sommerwiese liegend sterben. Dort höre ich das Brummen und Summen von Hummeln und anderen Insekten, eine leichte Brise streift durch das sommerlich hohe Gras. In der Ferne höre ich das Läuten der Kuhglocken, dicht neben mir das Zirpen der Grillen. Meist habe ich einen kleinen Gedichtband dabei, und so liege ich bei schönem Wetter nach einer Bergtour, mal lesend, mal dösend in der Wiese und genieße die Sonne. Es ist, als gäbe es nichts anderes als diese satten Wiesen. Geräusche, Gerüche und Gedanken kommen näher, entfernen sich wieder, sind laut, dann wieder leise. So stelle ich mir mein Sterben vor, so wünsche ich es mir.
Mein Wunsch nach dieser Umgebung wird sich wahrscheinlich nicht erfüllen, aber ich hoffe zumindest, dass ich das Sterben bewusst erleben darf und mich gut aufgehoben und betreut fühlen

werde. Dann werden mich vielleicht meine Erinnerungen an die idyllische Bergwiese begleiten. Sterben geschieht nicht linear; es ist ein Vorwärtsgehen und Zurückweichen, ein Wechsel zwischen Präsenz und beginnender Auflösung. Das Dösen auf der Wiese ist ebenfalls ein Schwebezustand: Im Halbschlaf beginnt ein Spiel zwischen Erinnerungen, Gedanken, Gefühlen und Realem, bis wieder absolute Klarheit und Frische herrscht.

HUBERT BÖKE träumt von einem konkreten Ort: „In unserem Waldgarten steht ein alter Walnussbaum. Wann immer ich kann, gehe ich abends zu ihm, lehne mich an seinen festen Stamm, genieße den Augenblick der Ruhe unter seinem hohen, weiten Blätterdach oder im Winter seinem Geäst. Das wäre ein guter Platz, um in einer sternenklaren Winternacht oder an einem milden Frühlingstag zu sterben, an seinen Stamm gelehnt meine letzte Reise anzutreten. Wichtiger noch aber ist mir der Ort einer Verabredung. Es ist ein Ort im hohen Norden, der meiner Frau – sie ist Dänin – und mir sehr lieb geworden ist. Der eine von uns wird wohl vor dem anderen gehen, wenn Gott uns nicht die gleiche Gnade gewährt wie Philemon und Baucis, nämlich gleichzeitig zu sterben. Für unser Wiederfinden auf dem Weg ins Jenseits könnte unser Lieblingsort ein guter Ausgangspunkt sein, ein Treffpunkt zwischen diesem und dem anderen Leben."

In Hubert Bökes Fantasiebild spricht mich die Beschreibung eines Treffpunkts zwischen den Welten besonders an. Es gibt für die Trauerarbeit Imaginationsübungen, in denen man sich mit dem Verstorbenen nachträglich „treffen" kann. Gerade für den Beginn der Trauer, der meist mit dem stärksten Schmerz einhergeht, ist ein solcher gedachter Ort nützlich: Die Hinterbliebenen können dort an einer Neubegegnung, einer Neuorientierung und Umgestaltung der Beziehung zum Verstorbenen arbeiten.

An diesem imaginären Ort kann man vieles nachholen, was einem vielleicht zu Lebzeiten nicht gelungen ist oder vergönnt war, etwa wegen eines plötzlichen Todes. In der Vorstellung kann man um

Verzeihung bitten und Unausgesprochenes doch noch formulieren. Beides sind ganz wichtige Dinge für einen gesunden Abschied und eine gelingende Trauerarbeit.

Hans Langner betont die Wichtigkeit eines Gegenübers beim Sterben: „Es geht mir weniger um den Ort als um die Person oder die Personen, die dabei sind, wenn man stirbt. Mich hat vor Kurzem jemand gefragt, warum ich die Ausbildung zum Hospizhelfer gemacht habe. Erstens um meine Angst vor dem Tod zu lindern oder zu nehmen, und zweitens um für jemanden da sein zu können, der vielleicht allein gestorben wäre. Durch mein Dasein stirbt er immerhin nicht allein. Wenn es mir so ginge, wäre ich auch froh um jemanden, der da ist."

„Der Tod kommt wann, wo und wie er will. Deshalb finde ich es müßig, sich über einen bevorzugten Ort Gedanken zu machen. Der Tod wird den Ort aussuchen und nicht ich." Das schreibt Walter Kohl, und er hat natürlich recht damit, dass der Tod entscheiden wird, wo ich sterbe. Je besser allerdings die Rahmenbedingungen für ein würdevolles Sterben werden, je mehr Hospize und Palliativeinrichtungen es gibt, umso größer ist meine Chance, als Einzelner dort im Bedarfsfall versorgt zu werden. Dafür sollte ich im Vorfeld schon wissen, wie ich sterben will.

Einsamkeit

Alleinsein kann es erst geben,
wenn die Einsamkeit aufgehört hat.

Krishnamurti (1895–1986)

Einsamkeit hält man allgemein für einen Mangel an sozialen Kontakten. Alleinsein hingegen wird eher mit einer bewussten Entscheidung verbunden, einem freiwilligen Rückzug, einer Pause. Viele Menschen treffen jeden Tag am Arbeitsplatz eine Menge Kollegen, und abends stehen sie noch mit Bekannten auf ein Glas Wein an der Bar. Sie sind nicht allein, und trotzdem können sie einsam sein.

Als mein Mann starb, war ich in einem aktiven Freundeskreis geborgen und aufgehoben. Wir begleiteten ihn zusammen auf seinem letzten Weg, und danach begleiteten die Freunde mich in meinen neuen Lebensabschnitt. Wir verbrachten gemeinsame Wochenenden, sie halfen mir im Garten, teilten mein Leben mit mir, und trotzdem fühlte ich mich einsam.

Jetzt sind wir beim richtigen Wort für Einsamkeit angekommen. Es geht um das *Fühlen:* Einsamkeit ist eine Wahrnehmung. Viele meiner Klienten haben einen Angehörigen verloren und kommen zu mir, um sich Rat zu holen, wie sie neue Kontakte knüpfen und so der Einsamkeit entfliehen können. Sie hoffen, durch Nicht-Alleinsein die Einsamkeit zu vertreiben.

Aber Einsamkeit beginnt in uns selbst, nicht in der Außenwelt. Ich fühlte mich nach dem Tod meines Mannes lange Zeit einsam. Ein Teil von mir war mit ihm gestorben. Er war nicht nur mein Mann gewesen, sondern auch mein bester Freund, und nun befürchtete ich, niemand könnte und würde mich je wieder so verstehen wie er. Ich wusste nicht wohin mit meinen intimsten Gedanken.

Es war eben nicht nur die quasi „räumliche" Trennung, sein physischer Tod und dadurch Abwesenheit, was mir Probleme bereitete. Dieses Gefühl, den Menschen verloren zu haben, mit dem ich über die Hälfte meines Lebens verbracht hatte, der mich immer verstand und so annahm, wie ich bin – das war es, was mich einsam gemacht hat. Es war diese Leere in mir und nicht der leere Platz neben mir. Ich fühlte mich einsam trotz Freunden, trotz Kontakten, trotz kleiner Familie.

Den fehlenden Menschen selbst vertreten

Dieses Gefühl ließ erst nach, als ich über die Zeit hinweg lernte mich selbst in diesem verlorenen Teil in mir, in dieser Leere wiederzufinden, mich zu verstehen, versöhnlich mit mir zu sein und mich selbst so anzunehmen, wie ich bin. Alles was mir mein Mann gespiegelt hat und als Gefühl zurückgab, musste und durfte ich jetzt in mir und für mich finden, fühlen und leben.

Wenn mein Mann nach einer Geschäftsreise nach Hause kam, wollte er als Erstes mit seiner kleinen Familie durch den Garten gehen und schauen, was sich in seiner Abwesenheit verändert hatte. Er hatte so eine Freude daran, sich im Gemüsegarten die Ernte vorzustellen und sich gleich zu überlegen, was man daraus alles Herrliches kochen könnte. Nach seinem Tod stand ich mit einem Freund im frisch herausgeputzten Garten und beklagte mich darüber, dass nun keiner mehr da war, der mit mir die getane Arbeit im Garten betrachtete und sich mit mir freute. Die Antwort: „Dann musst du dich eben selbst loben, musst das für dich alleine tun." Die Antwort gefiel mir im ersten Moment nicht, aber bei genauer Betrachtung hatte der Freund natürlich recht. Das Gefühl der Einsamkeit zeigt uns ein Defizit in uns selbst an, und in uns müssen wir dieses Gefühl daher angehen.

Einsamkeit ist das Gefühl, von etwas getrennt zu sein, aber eben meist nicht von anderen, sondern von uns selbst. Wir fühlen uns dann unvollständig. Wenn wir aber in uns wirklich zu Hause sind, dann hat tiefe, lang anhaltende Einsamkeit keinen Platz.

In der Therapie verwende ich gerne für die Persönlichkeit das Bild eines Hauses: Nach dem Verlust eines Angehörigen aufgrund von Trennung oder Tod ist im übertragenen Sinne ein größerer oder kleinerer Teil unseres Hauses leer. Wenn wir das Gefühl der Einsamkeit in uns entdecken, sollten wir uns auf die innere Suche begeben nach dem Raum in uns, welcher wieder bewohnt und mit neuem Leben erfüllt werden will. Das kann nur durch uns selbst geschehen und vielleicht zum ersten Mal im Leben.

Einsamkeit ist eine Wahrnehmung, an der wir arbeiten können. Wir sind ihr nicht schutzlos ausgeliefert. Im Endeffekt ist sie ein Geschenk für uns, denn sie gibt uns die Möglichkeit, etwas in uns neu oder wieder zu entdecken und zum Leben zu erwecken. Nach einem schweren Verlust ist es wichtig, uns neu zu „füllen", unsere leeren Räume neu einzurichten. Jeder hat dabei seinen eigenen Einrichtungsstil und seine Geschwindigkeit. Wichtig ist nur, dass wir es überhaupt tun, denn wir können nicht in leeren Zimmern leben. Die Leere will langsam und behutsam entdeckt, enttarnt und umgestaltet werden.

Ich gehe in den Garten und mähe den Rasen. Danach sage ich zu mir alleine, wie schön der Garten ist, erfreue mich alleine an den reifen Früchten jetzt im Herbst. Ich werde die letzten Brombeeren ernten und sie gleich zu herrlich duftender Marmelade verarbeiten für mein Frühstück morgen … Alles wie früher, und doch ist alles anders. Aber ich bin nicht mehr einsam.

FRAGE

Würden Sie am liebsten alleine sterben oder in den Armen eines anderen?

> In den Armen meiner Frau.
> *Wilhelm Schmid*

Als ich diese Antwort von Wilhelm Schmid las, hüpfte mein Herz. Ausgerechnet einer meiner Lieblingsautoren gibt diese Antwort. Sie klingt so natürlich, so klar, so frei: Wir leben die Liebe und lieben das Leben. Ich höre die tiefe Liebe zwischen zwei Menschen heraus. Diese Antwort befreit mich irgendwie, denn mein Mann starb in meinen Armen, und ich traue mich manchmal gar nicht, das zu sagen, weil ich damit oft Betroffenheit ernte und eine Beklemmung meines Gegenübers spüre. Diese kleine Antwort von Herrn Schmid hat mir wieder den Mut gegeben, voller Freude sagen zu können: Ja, mein Mann starb in meinen Armen.

Hans Meiser schreibt: „Auch wenn man in den Armen eines anderen stirbt, stirbt man allein, da der andere ja am Leben bleibt; es sei denn, man kommt gemeinsam bei einem Unglück um. Aber es stirbt jeder allein, so wie jeder auch allein geboren wird – selbst ein Zwilling. Denn auch von denen erblickt einer immer ein bisschen früher das Licht der Welt als der andere."

Den Tod an sich erleiden wir alle einzeln, aber sollen oder wollen wir im Sterben ganz allein sein? In den Antworten hat sich herauskristallisiert, dass diejenigen, die alleine sterben wollen, dies immer auch mit Rücksicht auf die anderen so gestalten möchten. Warum tun wir das? Wollen wir es einander nicht antun, unser Ende mitzuerleben? Ist das Thema Sterben in unserer Gesellschaft so tabuisiert, dass wir uns fragen müssen, ob wir einem Mitmenschen zutrauen und zumuten, uns sterben zu sehen?

ANDREAS SCZYGIOL: „Ich glaube, es kommt darauf an, wie es dem anderen damit geht. Wenn ich merken würde, dass es sehr leidvoll ist für die andere Person, dann würde ich einen Moment suchen, wo ich mich davonstehle. Wenn ich spüren würde, dass die andere Person es gut tragen kann, dann stelle ich mir das sehr schön vor, nicht allein zu sein. Aber für mich wäre es sehr wichtig, dass ich das Gefühl habe, der Mensch neben mir kann diesen Moment ertragen. Sonst würde ich wohl lieber einen kurzen unbeobachteten Moment nutzen. Ich denke an eine Geschichte aus meiner Kindheit: Der Vater eines Klassenkameraden war gestorben – innerhalb von zehn Minuten. Seine Frau war bei ihm im Krankenhaus und wollte nur kurz in der Cafeteria etwas kaufen. Sie kam zurück, da war er tot. Das ist mir tief in Erinnerung geblieben, und ich kann mir vorstellen, das wäre möglicherweise auch mein Weg. Ich würde mir schon wünschen, dass ich in dem Moment nicht alleine wäre, nicht irgendwo isoliert in einem Altenheim liege und keine Menschen mehr habe, mit denen ich in Beziehung stehe. Aber dieser Gedanke des einsamen Sterbens ist für mich überhaupt nichts Erschreckendes oder Bedrückendes."

HUBERT BÖKE wünscht sich einen bestimmten Zustand, weiß aber auch, dass vielleicht alles ganz anders kommt, als man denkt oder hofft: „Ich wäre unendlich dankbar, wenn meine Frau an meiner Seite wäre. Ob wir es aber ertragen könnten, ob ich es ihr zumuten wollte, weiß ich nicht zu sagen. Vielleicht würde ich sie doch bitten, mich in meiner Todesstunde allein zu lassen, weil es zu schwer sein mag, den Abschied mitzuerleben. Und weil es mir zu schwer sein mag, zu gehen. Meine Erfahrung als Klinikseelsorger ist, dass es jeder Mensch und jedes Paar anders braucht und vielleicht auch gestaltet. Früher, als man noch die Fenster im Zug öffnen konnte, gab es Menschen, die sich aus dem offenen Fenster lehnten und winkten, bis man sich schon längst nicht mehr sah. Andere drehten sich einfach um und gingen ohne große Abschiedszeremonie auf ihre Reise – manch einer, weil ihm oder ihr das Abschiednehmen zu schwer fiel. Ich bin mir nicht sicher, wie ich es halten werde."

Vor Svens Tod hätte ich gesagt, ich möchte in seinen Armen sterben, denn ich wollte zuerst sterben und nicht zurückbleiben. Prägend dafür war ein gemeinsames Reiseerlebnis mit ihm in Marokko: In einem abgelegenen Tal des Atlasgebirges kamen wir an einen Unfallort. Ein Touristenehepaar war auf der schmalen Bergstraße im Geländewagen vom Gegenverkehr abgedrängt worden und in eine Schlucht gestürzt. Einheimische Kinder winkten uns, und wir hielten an. Wir kletterten in den Abgrund hinab und sahen zwei Menschen neben dem Wagen kauern. Der Mann hielt seine tote Frau in den Armen. Wir konnten nichts mehr tun außer Hilfe für ihn zu holen. Er war selbst Arzt und hatte den Tod seiner Frau festgestellt. Ich blieb bei den beiden, und Sven fuhr los, um Hilfe zu holen. Wir sprachen kein Wort. Ich gab ihm zu trinken, tupfte ihm ab und an mit einem nassen Tuch die Stirn ab und baute ihm eine Art Sonnensegel gegen die immer höher steigende Sonne, sodass er im Schatten sitzen konnte und seine Position nicht verändern und seine tote Frau nicht bewegen musste. Als er müde wurde, setzte ich mich neben ihn, und er schlief angelehnt an mich ein, immer noch seine tote Frau im Arm haltend. Sie war die erste Tote, die ich gesehen habe. Es hat mich bleibend beeindruckt, wie er da saß und sie in seinen Armen wiegte, wie er weinte, sie streichelte, mit ihr sprach und mit den Stunden immer ruhiger wurde. Ein Hauch von Versöhnung mit dem Leben und der Situation stellte sich ein, aber wirklich nur ein Hauch. So lange Abschied nehmen zu dürfen war trotz der schrecklichen Situation immerhin ein Geschenk. Es war völlig still dort, nichts und niemand außer uns beiden und der Toten. Nach vier Stunden kam Sven mit Hilfe zurück, und alles nahm seinen Lauf. Alles musste seinen Weg gehen, und alles Laute kam zurück: Bergung, Abtransport, Rückflug…

Alleine sterben oder in den Armen eines anderen?

Die Stille und dieses Halten in den Armen werde ich nie vergessen. Ich war sehr berührt von dem Paar und der Liebe der beiden, die man auch nach dem Tod der Frau so präsent spürte.
Später fragte ich meinen Mann: „Wirst du mich auch so halten, Sven? Du weißt doch, ich glaube, ich werde vor dir gehen. Denkst du, ich darf so sterben wie diese Frau?"
Seine Antwort war: „Aber sicher werde ich das tun. Ehrenwort!"
Ich glaubte ihm wie immer. Wahrscheinlich war der Tod völlig überfordert mit uns beiden, der eine todkrank und die andere hysterisch zusammenzuckend alleine bei der Vorstellung von Sterben und Tod. Also musste eine Illusion her. Ich glaubte Sven, und er glaubte hundert Jahre alt zu werden trotz allem. So konnten wir einstweilen weiter vorwärts durch unser Leben gehen, und die Angst war durch die Illusion nur dosiert spürbar.
Es kam alles ganz anders, und Sven starb umgekehrt in meinen Armen. Ich saß nach seinem letzten Atemzug nicht so lange an seinem Bett, ich hielt ihn nicht so lange wie der Mann seine Frau bei dem Unfall in Marokko. Aber wir hatten ja fast fünfzehn Jahre Zeit gehabt, uns zu verabschieden. Ich ließ ihn nach ein paar Minuten los, stand auf, öffnete das Fenster und sagte: „Ich gehe jetzt, Sven. Du sollst dich nicht umdrehen müssen und ich mich auch nicht." Für diesen Moment gab es nichts mehr zu sagen oder zu fühlen; das hatte alles später noch Zeit. Jetzt sollte er frei sein für seinen Moment des Gehens.
Er hatte nicht sterben wollen, sondern leben. Er war ja noch so jung und sein Leben eigentlich noch längst nicht gelebt. Ich wusste, dass er nicht leicht gehen konnte, und wenn ich länger bei ihm gesessen wäre, hätte er es vielleicht schwerer gehabt. Er sollte in diesem Moment die größtmögliche Freiheit spüren, frei und durch nichts gebunden sein. Erst zwei Stunden später waren wieder alle um sein Bett versammelt, aber da war er schon nicht mehr in Sichtweite. Der Körper zwar präsent, aber Sven war vom Leben gelöst und hatte den wichtigsten Schritt schon hinter sich.

Und heute? Wie denke ich heute? Will ich alleine sein beim Sterben? Ja, ich glaube schon. Ich wünsche mir gut versorgt zu sein und auch in einem Kreis von Menschen, die mich lieben. Aber im Moment des Todes würde ich gerne alleine sein.
Ähnlich beschreibt Dr. Erich Rösch seinen Wunsch für den letzten Augenblick: „Ich sitze allein am See. Vorher würde ich gerne Abschied nehmen, aber diesen letzten Weg gehe ich allein, und ich würde auch gerne bestimmen, wo er seinen Startpunkt hat. In der Hospizarbeit sehen wir, dass es für Menschen überaus wichtig ist, sich nicht alleingelassen zu fühlen, und doch machen sich viele gerade dann aus dem Staub, wenn der Hospizhelfer für einen Moment nicht im Zimmer ist."
Auch Martina Bühler-Karsubke möchte lieber alleine sein: „Aus heutiger Sicht lieber alleine. Ich könnte möglicherweise nicht loslassen, wenn ich die Unruhe und die Ängste des anderen spüre oder wenn jemand irgendwie an mir herumstreicheln würde."

Diese Gedanken hier wie auch die zu den anderen Fragen sollen nicht zu ernste kleine Verführungen sein, unsere Angst zu überwinden und unbefangener zu werden. Wir sollten versuchen, ein wenig freier zu sein, wenn es aufs Sterben zugeht. Auch diesen Lebensabschnitt sollten wir gut leben können und uns nicht allzu sehr mit Angst quälen. Wir sollten zum Tod sagen können: „Ja, ich habe Angst vor dir, aber ich kenne dich und akzeptiere dich. Und ich werde nicht zulassen, dass du allein über mein restliches Leben bestimmst." Die Kraft, die wir sonst in die Kontrolle unserer Angst stecken müssten, soll frei sein, damit wir bewusste Entscheidungen treffen können für uns und unsere Lieben.
Mein fast 80-jähriger Vater tastet sich gemeinsam mit mir und begleitet von meiner Arbeit, für die er sich sehr interessiert, immer sicherer an seinen eigenen Tod heran. Aber alt zu sein heißt nicht, keine Angst vor dem Tod zu haben. Sven war drei Tage bei uns aufgebahrt, und mein Vater fragte mich damals: „Ein Toter im

Alleine sterben oder in den Armen eines anderen?

Haus – hast du denn gar keine Angst?" Da verstand ich, dass er trotz seines Alters noch viele Fragen offen hatte an sich und seinen Tod. Das Erleben von Svens Leidenszeit und Tod sowie meine Arbeit – beides ist für ihn ein großes Geschenk, wie er sagt. Wir sprechen sehr viel über die Interviews zu diesem Buch und über Bücher, die ich zu unserem Thema lese. Wir sprechen viel über die damalige harte Zeit, aber auch über seine Ängste und Sorgen zum Thema Tod – mal konkret, mal dezent und durch die Blume. Ich merke, wie es arbeitet in ihm. Er ist gelöster geworden in manchen Dingen. Aber man darf nicht vergessen: Er ist ein Kriegskind, und seine frühen Erlebnisse prägen ihn bis heute. Umso mehr macht es mich froh und glücklich, meinen Vater sich so entwickeln zu sehen und zu spüren, dass seine Ängste ein wenig schwinden.

Sehr viele Menschen haben keine Angehörigen oder alten Freunde als vertraute Begleiter für ihren Weg aufs Lebensende, haben nicht die Wahl, in den Armen oder in Anwesenheit ihrer Liebsten zu sterben. Weder beim Sterben in der gewohnten Umgebung noch in einem Heim wünscht sich jemand solche Einsamkeit. Alt zu sein heißt ja nicht, versöhnlich und mit sich im Reinen im Sessel zu sitzen und abgeklärt auf den Tod zu warten. In Alters- und Pflegeheimen sind die Ängste nicht kleiner.

Meine Interviewpartnerin MARGIT GRATZ erzählte mir von einem wichtigen Projekt, an dem sie mitarbeitet, und das Konzept klingt so folgerichtig, dass man sich fragt, warum in aller Welt das nicht schon längst so eingerichtet ist: Im Augustinum, einem Seniorenstift mit deutschlandweit 23 Häusern, ist man dabei, die Hospizfunktion ins Wohnheim zu integrieren. Das Personal wird palliativ geschult, sodass die Heimbewohner in ihren Mietwohnungen im Stift sterben können und nicht noch in ein Pflegeheim oder Hospiz umziehen müssen. Dass sie bis zum Ende in ihrer gewohnten Umgebung bleiben können, vermeidet den ausgerechnet in der Sterbephase sehr belastenden Wechsel an einen unbekannten Ort mit fremdem Personal. Mit geschulter Gesprächsführung und

Einfühlungsvermögen können die Palliativkräfte ihre Schützlinge eine Weile begleiten und bestenfalls manchen inneren Konflikt in der Konfrontation mit dem Tod lösen. Meine inzwischen verstorbene Tante litt unter vaskulärer Demenz: Welche Gefühle auch immer ihr emotionales Zentrum im Gehirn aufgrund von Erinnerungen oder gegenwärtigen Eindrücken losschickte, ihre Großhirnrinde konnte sie nicht mehr rational verarbeiten. So war sie gefangen in sich selbst, litt unter den schlimmsten Ängsten, ihren Kriegserinnerungen, konnte sich das aber nicht mehr erklären wie früher. Wenn man Angst hat, fragt man sich, was sie auslöst und ob sie wirklich lebensbedrohlich ist. Meine Tante konnte sich solche Fragen gar nicht mehr stellen und war für Fragen von anderen nicht mehr erreichbar. So war sie ihren Emotionen schutzlos ausgeliefert.

CHRISTINE BRONNER, die Leiterin des Ambulanten Kinderhospizes München, kennt als Sterbebegleiterin auch für Erwachsene solche dramatischen Situationen mit alten Menschen. Man kann dann nur noch für sie da sein, sie halten und umarmen, ohne zu wissen, ob wenigstens die körperliche Geste sie erreicht – so ihre Erfahrung. Wir wissen oft nicht, ob das, was wir tun, einen Sinn hat, irgendwie ankommt und für Erleichterung sorgt. Diese Hilflosigkeit ist ein Problem für sich: Man lernt das Unausweichliche anzunehmen und zuzulassen, aber die eigene Machtlosigkeit ist schwer zu ertragen. Aber auch in solchen Situationen hilflosen Leidens gibt es über die Grenzen unseres Handelns hinweg etwas, das uns verbindet und was in diesen Momenten besonders zum Tragen kommt: unser Menschsein. Es bleibt dann nichts anderes mehr übrig, als mich als Mensch an die Seite eines anderen Menschen zu stellen, der in existenzieller Not ist, und ihn in den Armen zu halten, körperlich oder im übertragenen Sinn. Das hört sich nach wenig an, ist aber doch mit das Größte, was wir einander geben können. Er darf sein, ich darf sein, und das, was geschieht, darf auch sein. Das alles muss man dann aushalten.

Versöhnung

Jeder ernstliche Kampf findet seine Versöhnung.
Nur die Lüge, die innere Unwahrheit,
ist zur ewigen Qual verdammt.
Friedrich Wilhelm Joseph von Schelling (1775–1854)

Ein Klient sagte: „Das größte Geschenk in meinem Leben war, dass ich mich mit meinem Vater am Sterbebett versöhnen konnte." Über die Jahre hatte sich eine Kluft zwischen den beiden aufgetan, und es gab keinerlei Kontakt mehr. Durch Zufall erfuhr er vom Sterben seines Vaters, und er fragte mich, ob er ihn besuchen sollte. Wenn das wie bisher immer im Streit enden würde, wollte er das weder ihm noch sich antun. Ich riet ihm zu dem Besuch, und wir trainierten mögliche Gesprächsverläufe. Notfalls könnte er immer noch abbrechen und gehen. Aber diese letzte Möglichkeit, seinen Vater zu sehen, sollte er wahrnehmen, zumal das Hindernis zwischen den beiden nicht von traumatischer Art war, sondern ein über die Jahre gewachsenes Geflecht aus gewöhnlichen Verletzungen und Missverständnissen.

Er besuchte den Vater, und das Treffen verlief gut. Der Sterbeprozess versetzte beide in eine versöhnliche Verfassung, auch ohne große Aussprache. Mein Klient und ich holten die Aussprache in unseren Sitzungen vertretungsweise nach. So konnte alles ausgeräumt werden, was meinen Klienten in seiner Beziehung mit seinem Vater noch belastete, und zwar auf dem wertvollen Fundament der noch real erreichten Versöhnung. Entscheidend war die Begegnung mit seinem Vater, auch wenn es dabei kein „Gipfelgespräch" gegeben hatte. All die ursprünglichen Gefühle zwischen Vater und Sohn durften so noch einmal für beide präsent sein – Gefühle, zu denen beide seit Jahren keinen Zugang mehr gehabt hatten.

Solche Versuche Frieden herzustellen gehen leider nicht immer gut aus. Aber auch wenn das Gegenüber nicht mehr erreichbar oder gar nicht mehr am Leben ist, ist Versöhnung möglich. Wir müssen sie dann bei uns selbst stattfinden lassen, sei es als Sterbender oder als Angehöriger. Denn das Wichtigste an der Versöhnlichkeit sich selbst und anderen gegenüber ist, dass sie uns inneren Frieden schenkt, den Boden für unsere Lebendigkeit.

Mein Mann versöhnte sich ein halbes Jahr vor seinem Tod nicht mit seiner Familie, sondern fand sich mit dem unauflösbaren Widerspruch mit ihr ab, unter dem er ein Leben lang gelitten hatte. Die Lebensentwürfe waren so unvereinbar, alte Konflikte innerhalb der Familie so verhärtet, dass man keinen Weg zu einer gemeinschaftlichen Erneuerung und positiven Justierung mehr fand – nicht einmal angesichts seines baldigen Todes.

Sven sagte eines Tages, dass er sich ab sofort nicht mehr als Opfer fühlen wolle, dass er nicht weiter auf emotionale Unterstützung von dort hoffe, wo er sie bisher schon nicht bekommen hatte. Stattdessen wollte er sich jetzt nur noch auf die Familie konzentrieren, die er sich selbst ausgesucht hatte: seine Freunde. Das Schöne daran war, dass er zum Schluss, in der Zeit seines Sterbens, von dieser Familie so großzügig, so unkonventionell beschützt und getragen wurde, wie er selbst war. Er konnte all die Zuwendung und Unterstützung von Herzen annehmen, die sich entwickeln konnte, nachdem er sich mit seiner Lage und seinen Umständen versöhnt und mit seiner alten Familie abgefunden hatte.

Von da an hielt er nicht mehr an einem vorgefassten Bild fest, was wie zu sein hätte. So konnte Neues in sein Leben treten. Ein typischer Spruch von ihm war: „Das Beste kommt immer zum Schluss." Bei ihm stimmte das: Am Ende bekam er sogar noch einen Bruder, was er lange herbeigesehnt hatte. Einige Wochen vor seinem Tod sagte er zu seinem Freund Hans Langner „mein Bruder", und der erwiderte dies einige Tage später. Er hat in den letzten Wochen und Monaten alles nachgeholt, was ihm an

emotionalem Rückhalt in seiner früheren Familie zugestanden hätte. Es ist nicht wichtig, wie lange man etwas hat, es zählt, dass man es überhaupt hatte, es erleben und fühlen durfte.
Versöhnung macht den Weg frei für Frieden in uns. Ohne Frieden bleiben wir Altem verhaftet. Immer neue Wege müssen dann gefunden werden, wie wir unseren Unfrieden, unser Festklammern an schmerzlichen Erinnerungen erträglich machen können. Wünschen wir uns einen direkten Zugang zu uns selbst, gilt es das Unversöhnte in uns in Bewegung zu bringen.
Der Knackpunkt dabei ist, seinem eigenen Schmerz begegnen zu müssen, der Verletzung, vielleicht der eigenen Projektion. Wenn ich etwa ein bestimmtes Selbstbild in mir pflege und eine Krise zutage bringt, dass Selbst- und Fremdwahrnehmung weit auseinanderliegen, kann es schwerfallen, das wahre Bild zu ertragen. Dann sollten wir uns mit uns selbst und dem alten Bild von uns versöhnen und die Realität in unserem Leben Einzug halten lassen. Wir bekommen die Macht über uns zurück, die wir damals verloren haben, als wir das künstliche Bild von uns kreiert haben, vor lauter Angst vor unserem wahren Bild, vor dem, wer wir wirklich sind ohne alle aufgesetzten Masken.

Aussöhnung praktizieren

In der Versöhnung steckt eine Lebendigkeit, die wir im Leben oft vermissen. Ich fragte einen Klienten in seiner Sitzung, ob er damit einverstanden sei, wenn ich diesen Termin etwas früher beenden würde, weil ich zum Sterbe- und Abschiedsfest einer Klientin müsse. „Dann wird sie Sie wohl noch schnell fragen, wie sie alle noch um Verzeihung bitten kann, das macht man doch so vorm Sterben?", fragte mich mein Klient, der zu mir in die Praxis kommt, weil er sich leer und sein Leben als sinnlos empfindet. „Nein", sagte ich, schon in Eile und daher etwas unüberlegt, „das hat sie schon zu Lebzeiten getan, sonst könnte sie kein

Abschiedsfest geben, auf dem alle Menschen, die sie teilweise ein Leben lang begleitet haben, ausgelassen feiern sollen."

In der nächsten Sitzung brachte dieser Klient einen Stapel kopierter Briefe mit und las daraus vor. Es waren Versöhnungsbriefe an die Menschen, bei denen er sich entschuldigen wollte. Die letzten zwei Wochen hatte er die Abende damit verbracht, diese Briefe zu schreiben, und nachdem er alle in den Postkasten gesteckt hatte, verspürte er eine eigenartige Ruhe, so etwas wie Frieden in sich und konnte zum ersten Mal seit Langem wieder richtig durchatmen. Von manchen bekam er eine Antwort, von anderen nicht. Aber das war egal, denn wichtig war seine neue Erfahrung: Er war jetzt zu Mitgefühl und Versöhnung sich selbst und anderen gegenüber in der Lage und spürte sofort die Wirkung seines neuen Verhaltens. Das Schreckgespenst Endlichkeit hatte seine Wirkung getan: Er wollte so befreit mit dem Tod umgehen können wie meine Klientin. Ein erster Schritt war nun getan, und er bereitete durch die Versöhnungsbriefe den Boden für Frieden mit sich.

Ob auch er so ein letztes Fest wird feiern können, bleibt die Frage. Aber darauf kommt es nicht an. Wichtig ist, dass er mit der Aussöhnung Platz gemacht hat für Neues in seinem Leben. Er kann sich hinterfragen, sein Leben eventuell neu ausrichten und seinen ganz persönlichen Sinn des Lebens erkennen oder finden. Wer sich lebendig versöhnt, wird vielleicht auch versöhnt sterben können. Zumindest schafft er eine gute Voraussetzung. Wieder sehen wir: Das Bewusstwerden unserer Endlichkeit kann uns dazu bewegen, unser totes, erstarrtes, an etwas festklammerndes Selbst zurück ins Leben zu holen durch die Versöhnung mit uns, unseren Mitmenschen und dem Leben.

Das Wissen um unsere Sterblichkeit fordert uns auf zu überlegen, ob wir weiter mit Groll, Wut, Zorn, Verachtung oder Unzufriedenheit leben möchten oder ob wir uns mit den Ursachen der negativen Gefühle versöhnen und tiefe Freude und Frieden empfinden wollen – die Basis für vieles, wonach wir uns im Leben sehnen.

FRAGE

Senden Sie dem Tod eine Nachricht. Wäre es ein SMS, eine Mail, ein Brief? Und was wäre der Inhalt?

> Eine handgeschriebene Karte:
> Sie müssen sich nicht beeilen –
> ich weiß, dass Sie kommen.
>
> *Udo Hahn*

Ein handschriftlicher Brief oder eine Karte, wie Udo Hahn sie schreibt, ist heute fast eine Seltenheit und hat etwas Feierliches an sich. Für eine wichtige Persönlichkeit in meinem Leben könnte diese Form angemessen sein. Es hat etwas Erhabenes, mit einem Füller auf schönem Papier zu schreiben – höchst konzentriert im Kopf und auf die Hand, weil es keine Löschtaste gibt. Dieses sorgfältige handschriftliche Verfassen transportiert eine Wertschätzung, die ich dem Tod gerne entgegenbringen würde.

Es wäre ein langer, sehr persönlicher Brief. Darin enthalten sind Gedanken an ihn, aber ein Liebesbrief wird es nicht werden. Ich schreibe ihm, dass ich ihn schätze und dass er mein Leben bereichert hat, indem er Sven und mir als Paar und als einzelnen Menschen unsere zeitlichen Grenzen durch eine lebensbedrohliche Krankheit aufgezeigt hat. So konnte in unserer Welt ein anderes Bewusstsein Platz finden. Ich schätze heute vieles als kostbar ein, was früher auch für mich im Alltagsrauschen unterging.

Mir wurde aber auch meine Angst vor Krankheit, Sterben und Tod in einer Intensität bewusst, die nach einer ehrlichen inneren

Konfrontation verlangte, wollte ich nicht, dass sie über Jahre wie ein chronischer Entzündungsherd meine Lebensfreude beeinträchtigt. Das tut sie nämlich, die Angst, egal welche, wenn man ihr nicht „auf Augenhöhe" begegnet, sondern sie mit allen Mitteln zu vergessen sucht, wenn man sie verdrängt, wegdefinieren und als nicht existent erscheinen lassen will.

Der Tod an sich macht mir keine Angst mehr; was mich umtreibt, ist nur das Wie: Wie wird das sein, wenn ich sterbe? Wird jemand für mich da sein? Werde ich Schmerzen haben?

Auf einen Tod, wie er meine Großmutter ereilte, darf ich wohl kaum hoffen. Sie kochte noch zu Mittag für die Familie, danach war ihr nicht wohl, und sie war ein wenig müde, weshalb sie sich aufs Küchenkanapee legte. Ein Husten im Schlaf, und tot war sie. Das würde mir für mich auch gefallen.

Wenn der Tod meine Worte liest, hoffe ich auf sein Verständnis für mich und meine Angst vor dem Wie. Mein imaginärer Brief nimmt langsam die Gestalt eines der vielen Wunschzettel an, wie sie die Kinder an den Weihnachtsmann schreiben. Den gibt es nicht und den Tod als Person eigentlich auch nicht. Wem schreibe ich also in Wirklichkeit? Ich schreibe meinem eigenen Tod in mir, letztendlich meiner eigenen Angst.

Auch ANSELM BILGRI greift zum Füllfederhalter: „Wenn ich dem Tod bewusst schreiben würde, wäre es ein handgeschriebener Brief. Ich habe gerade mit dem Tod meines Vaters eine ganz eigenartige Erfahrung gemacht: Ich schickte eine SMS an meine Freunde, dass mein Vater heute um 17 Uhr verstorben ist. Manche waren etwas pikiert darüber, dass ich so etwas per SMS mitteilte. Es kamen viele handgeschriebene Briefe, und anscheinend wird diese traditionelle Form erwartet, wenn es um den Tod geht. Ich glaube, dass diese Förmlichkeit ein Schutz ist und diese Dinge gesellschaftlich akzeptabler machen soll: Wenn ich zum Briefkasten gehe und einen Brief mit schwarzem Rand darin finde, bin ich vorbereitet. Eine SMS ist unmittelbarer.

Daran sieht man auch, wie weit das Thema von uns weg ist. Der Tod ist nicht normal, sondern etwas Besonderes, obwohl täglich ungezählte Leute sterben. Unser Problem ist die Verdrängung des Todes aus unserer Erfahrung. Wir haben die beiden Enden des Lebens ins Krankenhaus verbannt, sowohl die Geburt als auch den Tod. In früheren Zeiten ist beides zu Hause geschehen. Und daher war es für die Menschen eine normale Erfahrung im Leben. Jetzt haben wir es weit weggeschoben von uns, und deswegen können viele gar nicht damit umgehen.

Ich schreibe also dem Tod mit der Hand einen Brief, und was steht darin? Meinen Respekt vor diesem vornehmen Adressaten würde ich zum Ausdruck bringen. Ach ja: Soll ich ihn eigentlich duzen oder siezen? Siezen.

Ich würde schreiben, dass ich mich dem Unvermeidlichen füge, dass ich jetzt aber nicht gerne gehe. Es geht halt nicht anders. Ich würde auch zugeben, dass ich ein wenig Angst habe. Sollte ich fragen, was danach ist? Ich weiß nicht, ob ich als grundsätzlich gläubiger Mensch meine Hoffnung ausdrücken würde. Ich glaube, dass unsere Vorstellung eines Jenseits und die Religion die gleiche wichtige Funktion haben: uns die Angst vorm Sterben zu nehmen und uns zu versichern, dass das Leben nicht umsonst war. Am Schluss würde ich schreiben: ‚Packen wir's!' Nein, besser auf Hochdeutsch: Gehen wir! Immer schön höflich."

„Bitte operieren Sie mich! Riskieren Sie es bitte! Ich halte diese Schmerzen nicht mehr aus!" So hörte ich Sven den Neurochirurgen am Telefon anflehen. Trotz der Bemühungen seiner Schmerztherapeuten und trotz Unmengen von Medikamenten war er in den Wochen vor seiner letzten Operation nicht so eingestellt, dass er seine Schmerzen ertragen konnte. Die Ärzte waren ratlos. Sie befürchteten, dass er eine erneute Operation nicht überleben würde. Der Neurochirurg zögerte. Ein paar Tage später ließ ich ihn in die Klinik einliefern; es ging nicht mehr anders. Er bat den Notarzt, ihm schon vorab etwas gegen die Schmerzen zu geben. Der sagte nur: „Herr Tretner, schon was Sie hier einnehmen, bringt zehn Elefanten um. Ich *kann* Ihnen nichts mehr geben."

Selbst die Schmerztherapeuten in der Klinik waren hilflos. Man entschied sich doch noch zu dem riskanten Eingriff, aber nicht wegen der Chance auf eine eventuelle Genesung. Es war nur die einzige Möglichkeit überhaupt, der einzige Versuch. Im Endeffekt war es nur die letzte Hoffnung auf Schmerzlinderung.

Seinen letzten behandelnden Neurochirurgen unterrichtete ich per Brief von Svens Tod und bedankte mich dafür, dass er sich entgegen all seinen Bedenken dazu durchgerungen hatte, ihn noch einmal zu operieren. Er hatte vor, den Tumor durch mehrere Zugangsöffnungen möglichst zu verkleinern, was ihm tatsächlich gut gelang. Wir gewannen dadurch ein Dreivierteljahr Zeit, um uns zu verabschieden.

Er schrieb mir in einem Brief zurück, dass er nur unsertwegen, wegen unseres Kampfs, den Mut aufgebracht hatte, Sven noch einmal zu operieren. Er sei in großer Sorge gewesen, weil es gar keinen Hoffnungsschimmer gab, an dem wir uns hätten festhalten können. Er war erleichtert und freute sich sehr, von mir zu hören. So bekamen seine Arbeit und sein Mut rückwirkend einen Sinn für ihn. Wir hatten unbewusst einander Mut für den Kampf gegeben, ohne dass wir voneinander wussten. Ich glaube nicht, dass wir einander diese fast intimen Dinge von Angesicht zu Angesicht gesagt hätten. Dafür bringt das Verhältnis zwischen Arzt und Patient oder Arzt und Angehörigen doch oftmals zu viel Distanz mit sich. Aber im geschützten Rahmen eines Briefs war es möglich.

Im Schreiben kann ich mir und dem Empfänger sehr nah begegnen, auch wenn es die Situation an sich nicht erlaubt. Schreiben kann auch eine Realität emotional überbrücken, die uns die Luft abschnürt, die wir zum Reden brauchen. Und es ist wichtig für uns und die Qualität unserer Beziehungen, dass wir Nähe zulassen zu uns selbst und dadurch zu anderen.

> **Wir sterben so oder so. Aber wie?**
> Die US-amerikanische Psychologin und Anthropologin Joan Halifax beschreibt in ihrem Buch „Being with Dying" eine Übung, die uns bewusst machen kann, wie wir sterben wollen: Wir sollen uns den schlimmsten Fall vorstellen, wie wir sterben könnten, und danach den bestmöglichen Fall für das Wie. Sie will mit dieser Übung zum Reflektieren anregen.
> Ich rate Ihnen: Machen Sie diese Übung in Schriftform. Nehmen Sie sich für den worst case und Ihre Wunschvorstellung je 20 Minuten und schreiben Sie alles auf, was Ihnen dazu einfällt. Rein gedankliche Vorstellungen bieten Fluchtmöglichkeiten; die Schriftform zwingt Sie zu einem gewissen Maß an Konkretheit. Ängste und Wünsche werden beim Schreiben viel deutlicher.

Hubert Böke schreibt ein Gedicht an den Tod, und wir lesen darin von der Angst und Sorge, die wir um den Menschen haben, der uns das Wichtigste auf der Welt ist und den wir nicht verlieren möchten. Wie wird der Moment wohl sein, wenn der dunkle Engel kommt, wie Hubert Böke den Tod nennt, und das Atmen verstummt? Diese Frage habe ich mir oft gestellt im letzten halben Jahr Svens, wenn ich nachts neben ihm im Bett lag: „Wann wird er aufhören zu atmen, wann wird der Tod kommen?" Erschöpft von dieser Angst schlief ich irgendwann ein, erschrocken wachte ich auf, weil ich im Schlaf seinen Atem nicht hören konnte. Und wie glücklich war ich dann, ihn noch atmen zu hören. Wieder hatten wir dem Tod eine Nacht abgerungen, und ein neuer Tag konnte beginnen. In Hubert Bökes Gedicht lese ich über diese zerbrechliche Seite der Liebe, die im Gegensatz steht zur Liebe an sich, die unzerstörbar scheint und es auch ist.

Welche Nachricht senden Sie dem Tod?

Irgendwann
Angst weckt mich
ich horche in die schwarze Nacht
Totenstille
meine Hand tastet nach dir
ich spüre deinen leisen Atem
deine Wärme
mein Herz macht einen Sprung
und wird ruhig

Doch Schlaf kommt nicht
Gedanken kreisen:
Irgendwann steht ein Fremder
in der Tür
bricht ein in unser Vertrautes
reißt mit Gewalt
den einen von der Seite
des anderen
und nimmt ihn mit sich fort

Bin ich es, den du holst
Fremder
gewähre mir die eine Bitte
tu, was du zu tun hast, ganz
lass mich nicht fallen
auf dem Weg
lass nicht zu, dass sie mich

am lebendigen Leib mumifizieren
mich einkerkern
für Wochen Monate Jahre
ins Schattenreich
und meine Liebsten
sie könnten nicht
Abschied nehmen
endlose zermürbende Zeit

Ich würde schreien nach ihm
dem schrecklichen Fremden
dass er mich herausholt
aus meinem Gefängnis
mich hinausführt
ins Freie, ins Weite
in deine Ewigkeit, o Herr

Noch schenkst du Zeit
Meine Liebste atmet
tief und ruhig
Gott
nimm uns in deine
gute Hut
in dieser Nacht
und wenn du zu uns schickst
den Fremden
deinen dunklen Engel

Dieses Gedicht vermittelt mir auch Demut und Einsicht, also das Annehmen dessen, was uns im Leben unausweichlich widerfährt. Nicht immer gelingt das. Aber ich habe den Wunsch, vielleicht im Augenblick des Todes mich und mein gelebtes Leben vollständig annehmen zu können durch eine Versöhnung mit mir selbst, die im Tod hoffentlich das höchste Niveau erreicht.

Wenn ich mit mir versöhnt und im Reinen bin, bin ich offen und frei, das Leben zu leben, welches mir entspricht und für welches ich bestimmt bin. ANDREAS SCZYGIOL geht in seiner Antwort noch einen Schritt weiter und stellt sogar einen direkten Zusammenhang her zwischen einem gut gelebten Leben und einem guten Tod: „SMS und Mail kommen nicht infrage, weil er in seinem einsamen Bauernhaus keinen Empfang hat. Ehrlich gesagt wüsste ich gar nicht, was ich ihm sagen oder ihn fragen soll. Vielleicht würde ich schreiben, dass ich ihn insofern als einen Freund betrachte, als er mich ermahnt, sehr bewusst zu leben, und dass ich ihn akzeptiere. Ich denke, wie ich den Moment des Todes annehmen, tragen und ertragen kann, hängt damit zusammen, wie ich gelebt habe. Ich glaube tatsächlich, dass der schwere Tod, das schwere Sterben, und damit meine ich nicht körperliche Schmerzen, sondern Angst und große Trauer, eher ein Ausdruck eines schweren oder vielleicht nicht gelebten Lebens ist. Insofern sehe ich ihn nicht direkt in der Verantwortung."

WALTER KOHL hinterlässt ihm eine Sprachnachricht: „Ich würde eine Nachricht auf seinen Anrufbeantworter sprechen, in der ich ihm mitteilen würde, dass ich jetzt bereit bin und er es bitte kurz und schmerzlos machen soll."

WILHELM SCHMID benutzt eine noch modernere Art der Nachrichtenübermittlung, einen Tweet: „Kann es sein, dass es am Ende so ist, wie es so oft im Leben war? Dass in dem Moment, in dem ein Raum sich schließt, ein neuer sich öffnet?" 139 Anschläge genügen ihm für seine Frage an den Tod. Hoffen wir mit ihm, dass sich etwas Neues öffnet.

Bis dahin, glaube ich, würden sich die meisten der noch kürzeren Nachricht von NANDO PARRADO anschließen: „Please come as late as you can. [Bitte kommen Sie so spät, wie Sie können.]"

Schreiben

*Viele Menschen, die seit ihrem siebzehnten Jahr
kein Gedicht mehr geschrieben haben,
verfassen plötzlich eines im siebenundsiebzigsten Jahr,
wenn sie ihr Testament schreiben.*

Robert Musil (1880–1942)
in seinem Roman *Der Mann ohne Eigenschaften*

Das schreibende Wiederholen des Erlebten macht es für uns begreiflich und bearbeitbar. Schreiben hilft, wenn man an einen Punkt im Leben kommt, wo man, wie es die österreichische Autorin Marlen Haushofer ausdrückte, „sich entweder erneuert oder aber selber auslöscht". Sein Leben schriftlich zu reflektieren ist ein Weg, seinem inneren Licht wieder genügend Sauerstoff zuzuführen für eine aufrechte, helle Flamme. Die Gedanken selbst sind oft zu flüchtig zum Festhalten, genauen Betrachten, Erkennen und Studieren. Wenn wir aber unsere Gefühle niederzuschreiben versuchen, müssen wir sie eine Weile festhalten, damit wir sie deutlich genug sehen können, um überhaupt Worte für sie zu finden. Es macht einen großen Unterschied aus, seine Gefühle in Gedanken zu fassen und aufgeschrieben zu sehen. Gewissenhaft aufgespürt und ehrlich zu Papier gebracht, gewinnen sie eine Gültigkeit, die dem Selbstbetrug entgegenwirkt. Gedankliche Fluchttüren fallen ins Schloss, und eine Art neuer Begegnungsstätte für Lebendigkeit und Neuanfang entsteht, wenn wir als unsere eigenen unbestechlichen Chronisten tätig werden. Wir können beim Schreiben unserer Geschichte auf jegliche Beschönigungen vor uns selbst verzichten, wir dürfen uns der nackten Realität nähern, brauchen uns vor niemandem zu schämen, auch vor uns selbst nicht. Das Papier ist ein geduldiger und neutraler Zuhörer.

Das Schreiben stellt einen Kontakt mit mir selbst her und lässt mich die Unzufriedenheit und Bitterkeit überwinden, die schnell Einzug halten kann nach großen Enttäuschungen oder Katastrophen im Leben. Beides ist nicht zu verwechseln mit Erschöpfung, die immer noch eine gewisse Lebendigkeit in sich trägt. Das Aufschreiben der eigenen Lebensgeschichte kann uns gerade in schweren Zeiten helfen, in die richtige Richtung zu navigieren: in Richtung Leben. Es reinigt den Geist, Sedimente setzen sich ab, und übrig bleibt klares und stilles Wasser.

Schreiben bewirkt Wunder

Ein 76-jähriger Klient mit ernster Krebsdiagnose berichtete in meiner Praxis von seiner Angst davor, mit seiner Tochter über die Krankheit zu sprechen. Der Kontakt der beiden hatte sich in den letzten Jahren immer weiter verschlechtert, und nun war es seine größte Sorge, er könnte sterben, ohne vorher noch mit seiner Tochter gesprochen zu haben. Da die Fronten auf beiden Seiten sehr verhärtet waren und ein Dialog erst einmal unmöglich erschien, machte ich ihm folgenden Vorschlag: „Schreiben Sie sich selbst Briefe über alles, was Sie bewegt. Bewahren Sie sie auf, und falls es tatsächlich nicht mehr zu einem Gespräch mit Ihrer Tochter kommt, wird sie nach Ihrem Tod über diese Briefe mit Ihnen eine Art Kontakt aufnehmen können, indem sie lesen kann, wie ihr Vater gedacht, gefühlt und gelebt hat. Dann wird der Dialog eben auf diesem Umweg geschehen."
Nach einiger Zeit und dem Verfassen einer ganzen Schachtel voller Briefe erklärte er mir in einer Sitzung, dass er anschließend zu seiner Tochter fahren werde, um ihr schon jetzt seine Briefe zu überreichen. Im geschützten Rahmen des Briefeschreibens war es ihm möglich geworden, über Jahre hinweg Unausgesprochenes wieder ins Leben zu transportieren. Die Tochter erbat sich eine Woche Zeit für das Lesen der Briefe, und danach knüpften

beide langsam einen neuen Kontakt. Es geht gar nicht darum, wie lange es nach diesem Anfang noch gemeinsam weiterging, sondern darum, dass die Aussöhnung überhaupt stattfand.

Erinnerungstagebuch

Ich selbst habe nach dem Tod meines Mannes damit begonnen, ein Erinnerungstagebuch zu führen. Ein Jahr lang schrieb ich jeden Tag aus der Erinnerung heraus auf, was mich bewegt und berührt hat im Zusammenleben mit ihm – gerade in der letzten Zeit des Sterbens. Es gab sehr viele schöne Momente, deren Einzelheiten ich jetzt nach sechs Jahren nicht mehr wissen würde, hätte ich sie nicht damals aufgeschrieben.

In der Paartherapie lernte ich ein älteres Ehepaar kennen, das sich in zwei dafür angelegte Büchlein jede Woche einen Brief schrieb über all die Dinge, die sie in ihrer Beziehung bewegen. Sie hatten damit nach dem frühen Tod ihrer Tochter begonnen. Nach einer gewissen Zeit tauschten sie die Bücher und lasen einander die neuen Briefe des Partners vor. Es wurde nicht über das Geschriebene diskutiert, sondern es durfte einfach sein. So schafften sie es, die Sprachlosigkeit, die mit dem Tod ihrer Tochter eingetreten war, zu überwinden und wieder Kontakt zu finden.

Untersuchungen haben gezeigt, dass schon fünfzehn Minuten tägliches Schreiben über die eigenen Gefühle und Gedanken in schwierigen Zeiten die Stressbelastung senkt und spürbar dazu beiträgt, die Situation besser zu verarbeiten. Es führt zu ein wenig mehr Stabilität, seinen Gedanken und Gefühlen Zeit und Raum zu geben, sich und die Situation schreibend zu erkennen, sich schreibend an die Wirklichkeit heranzutasten, die wir doch am liebsten leugnen würden.

FRAGE

Welche Farbe hat der Tod für Sie?

> Die klassischen Farben der Kirche wären hier Schwarz oder Violett; für mich ist der Tod aber eher rot – signalrot. Er ist ja ein Signal: Halte inne und denke nach. Stellen Sie sich das Ende Ihrer Lebensspanne signalrot vor, dann können Sie es gar nicht übersehen. Immer wenn Sie in Richtung morgen blicken, sehen Sie dieses Rot, welches Sie auffordert, innezuhalten, sich zu fragen: Lebe ich das, was ich leben will, oder sollte ich mich neu justieren? Eine Warnfarbe dafür, wie schnell man sich im Alltag verlieren kann und eine Mahnung dazu, das eigene Leben immer wieder zu überprüfen.
>
> *Anselm Bilgri*

Für HANS MEISER ist der Vergleich mit einer Farbe zu kurz gegriffen: „Ihn mit einer Farbe zu belegen, ist vermutlich zu wenig. Diejenigen, die eine Nahtoderfahrung gemacht haben, sprechen stets von einem Licht, das sie gesehen und erfahren haben. Ich würde also schlussfolgern, dass er keine Farbe hat, sondern Licht ist." Wenn es weißes Sonnenlicht ist, enthält es alle Farben des Spektrums und ist je nach Brechung des Lichts kräftig oder eher weich, je nachdem wo wir stehen in unserem Leben.

WALTER KOHL: „Ein Geist hat keine Farbe, er ist neutral. Ich stelle mir den Tod als helle Erscheinung vor, eine Kraft, die dann wirkt, wenn ihre Zeit gekommen ist."

Ähnlich HANS LANGNER, dem der Tod ebenfalls als etwas Farbloses erscheint: „Transparent. Keine Farbe, da der Tod für mich die Auflösung im Nichts ist. Und das ist transparent."

Für mich selbst ist der Tod weiß wie eine große Friedensfahne. Weiß symbolisiert für mich die Klarheit und Leichtigkeit, die mit dem Ende Einzug halten. Es ist nichts mehr wichtig als dieser eine Moment zwischen Sterben und Tod. Beflügelnde Leichtigkeit tritt ein, weil alles abfällt, alles Irdische nicht mehr wichtig ist. In der Meditation kann man manchmal, wenn man großes Glück hat, einen vielleicht vergleichbaren Moment völliger Klarheit bei vollem Bewusstsein erleben – ein Sein ohne Anhaftung: Es ist nichts und zugleich alles.

Im antiken Griechenland gab es eine Darstellung des Todes als Jüngling im lilienweißen Gewand. Er verführte den Menschen vor dem Eintritt ins Totenreich zum Trank des Vergessens aus dem Fluss Lethe (der Name bedeutet Vergessen). Der Fluss des Vergessens: was für ein treffendes Bild! Ein Weiterleben in den Erinnerungen der Hinterbliebenen und ein Vergessen und Auflösen im Individuum selbst. Mit dem Verlassen dieser Welt kehrt die ultimative Freiheit zu uns zurück: das Nichts. Sehr radikal. Wahrscheinlich schwenkt uns der Tod seine weiße Friedensfahne schon die ganze Zeit verzweifelt entgegen und denkt sich: „Was haben die nur für eine Angst vor mir?"

Der spanische Schriftsteller und Philosoph George Santayana (1863–1952) sagt über den Tod: „Der dunkle Hintergrund, für den der Tod sorgt, bringt die zarten Farben des Lebens in all ihrer Reinheit zum Leuchten." Vielleicht wählten aus diesem Grund drei meiner Interviewpartner die Farbe Schwarz.

WILHELM SCHMID erscheint der Tod „schwarz wie die Nacht und der tiefste Kosmos", **und NANDO PARRADO sagt:** „Universally known as having a black colour, maybe I would drop in a couple of drops of burgundy or purple. [Er ist allgemein als schwarz bekannt. Ich würde ein paar Tropfen Burgunder- oder Purpurrot hineinmischen.]"

Ähnlich HUBERT BÖKE, der aber sieht, dass sich das anfängliche Schwarz am Schluss verwandelt: „Zuerst schwarz. Aber er ist kein

Schwarzes Loch, aus dem nichts und niemand mehr herausfindet. Irgendwann auf dem Weg wird er zu einem Licht am Ende des Tunnels: warm, strahlend, sonnengold …"
Mit Farben können wir unser Innerstes hervorholen und zum Leuchten bringen. Im Rahmen einer Kunsttherapie können Gemälde und Zeichnungen zur Projektionsfläche werden für Probleme und Sorgen, bei denen uns die Sprache oft versagt. Die bildende Kunst bietet eine Möglichkeit, seine unmittelbaren Erfahrungen mit Krankheit und Tod und die damit verbundenen Emotionen sichtbar zum Ausdruck zu bringen. Verschiedene Themenschwerpunkte werden mit den unterschiedlichsten künstlerischen Mitteln umgesetzt. Ängste, Wut und Sorgen können genauso thematisiert werden wie Freude, Wünsche, Hoffnungen und Sehnsüchte. In einem kreativen Prozess können wir diese Themen spielerisch und mit innerer Leichtigkeit erarbeiten, erleben und vor allen Dingen erfühlen. Wir finden einen neuen Zugang zu unserem Inneren und können die so entstandene Buntheit als Sprungbrett nutzen für eine Veränderung in uns.
Man muss nicht gleich so weit gehen wie der britische Maler Lucien Freud, der Enkel von Sigmund Freud. Er stellte seinen Studenten die Aufgabe, ein Selbstporträt zu malen, und zwar im imaginären Wissen um den baldigen eigenen Tod. Also das eigene Bildnis als Abbild der Unmöglichkeit weiterer Möglichkeiten. Die Aufgabe, mich als Todgeweihten darzustellen, stellt natürlich reihenweise zentrale Fragen an mich – ohne Zweifel ein Weg zur Selbsterkenntnis, wenn auch ein knallharter.
Im künstlerischen Akt und beim Schreiben steigen unsere tiefen Emotionen ganz langsam empor, und dann können unsere Gedanken sie „abholen". Wenn Ratio und Emotion sich begegnen, dann ist ein bewusstes Handeln für unser Wohlbefinden und unser persönliches Wachstum möglich, dann sind wir unser eigener „psychologischer Büchsenöffner". Als solchen sah sich Oskar Kokoschka (1886–1980), den Eric Kandel (*1929) in seinem Buch

Das Zeitalter der Erkenntnis zitiert: „… weil ich mir manches… dachte, was ich in Worten nicht ausdrücken kann." Laut Kandel bezeichnete Kokoschka die expressionistische Malerei als Konkurrenz zur Entdeckung der Psychoanalyse. Die Malerei dient als Handwerkszeug, mit dem wir uns Schicht für Schicht der eigenen Seele annähern können, so wie sich beim Malen eines Bildes Strich für Strich langsam das Motiv herausschält.

Man muss nicht malen können, schon gar nicht wie Kokoschka, um durch Farben mit Gefühlen zu spielen und mit Stimmungen zu experimentieren. Schon das Beisichsein in der kreativen Erfahrung ist ein Wegweiser zu uns selbst.

Hubert Böke erzählt dazu eine Geschichte: „Eine ältere Dame erzählte mir von einem ‚Traumbild', einer Grenzerfahrung in schwerer Krankheit: Sie sah sich hoch auf einer Leiter stehen. Mit ihren Händen wollte sie die letzte Sprosse ergreifen. Diese führte in ein Meer aus unsagbar schönen Farben, den ‚Farben des Himmels'. Doch sie bekam die letzte Sprosse nicht zu greifen und fiel ganz langsam auf die Erde zurück. Als sie aufwachte, hatte sie es schwer mit den Farben dieser Welt. Sie suchte zeit ihres Lebens nach Farben, die ihren Himmelsfarben glichen. Sie begann zu malen. Zuerst erlernte sie die Bauernmalerei, später malte sie auf Seide und Porzellan. Sie musste sich das Traumbild von der Seele malen. Ihre ‚Himmelsfarben' aber fand sie nicht: ‚Nicht auf dieser Welt.' Als wir miteinander darüber sprachen, hatte sie ihre ganz eigene Deutung ihrer ‚Grenzerfahrung'. Die Vision von der Himmelsleiter war ihr zum Schlüssel für ihr Leben geworden: Auf der Lebensleiter steigt sie Sprosse für Sprosse empor. Jede Sprosse hat ihre eigene Farbe: dunkle, helle, schöne, erschreckende. Sie sammelt die Farben. Auf der obersten Sprosse angekommen, wird sie einmal alle ihre gesammelten Farben, alle ihre Erfahrungen, ausschütten in diesen Himmel voller Farben: ‚Mein Beitrag für die Ewigkeit.' Es ist ihr Sinn-Bild: ‚In diesem Leben bin ich Farbensammlerin für den Himmel.'"

Welche Farbe hat der Tod?

Der Tod erscheint im farblichen Ausdruck ganz unterschiedlich, je nach der der Persönlichkeit des Schaffenden und seiner emotionalen Situation. Ein vom Verlust der Eltern betroffenes Kind wird in Wut, Angst und Enttäuschung über das Verlassensein zu ganz anderen Farben greifen als ein älterer Mensch, der, selbst schon am Lebensende stehend, in dankbarer Erinnerung an Verstorbene und in eigener Versöhnlichkeit auf den Tod blickt.

Wenn wir aller Worte beraubt sind, weil uns Entsetzen und Angst die Sprache verschlagen haben, können wir einander noch unsere Bilder zeigen und uns auf diesem Weg verständigen. Der deutsche Maler und Objektkünstler Günther Uecker (*1930) sagt: „Wo die Sprache versagt, beginnt das Bild." Manchmal sind die Geschehnisse so schlimm, dass ich in meiner Arbeit die Betroffenen die ersten Stunden nur mit Pinsel und Farben verbringen lasse, damit ihre Bilder den Schmerz erzählen, bis überhaupt Worte dafür gefunden werden können.

In der Leidenszeit meines Mannes hatten wir oft Phasen der Sprachlosigkeit. Die Geschehnisse überrollten uns, und wir stolperten über die Realität und unsere Gefühle dazu. Sven hatte die Idee, auf großen Leinwänden zu malen, und so standen wir bald nebeneinander im Garten oder im Atelier und übertrugen unsere Gemütsverfassung auf die Leinwand.

Ich besitze die Bilder von damals noch, und manchmal gehe ich auf den Dachboden und betrachte sie. Ich stelle zeitgleich entstandene Bilder nebeneinander und versuche, mit dem heutigen Abstand und erweiterten Wissen mir die Gefühle von damals wieder bewusst zu machen. Die Bilder waren unsere stummen Nachrichten in einer Zeit ohne Worte. Ihn malen zu sehen und die kräftigen Farben seiner Bilder zu betrachten gab mir nachdrücklich das Gefühl, dass er, dass wir noch lebendig sind.

Sechs Jahre nach seinem Tod male ich meistens nicht mehr in so dunklen Tönen wie früher. Jetzt sind es hellere Farben wie Aquamarin, Gold und Weiß. Mein Leben und das Kaleidoskop in mir drehen sich weiter, und es wird sicher auch wieder einmal dunklere Zeiten und Farben für mich zeigen.

Wenn ich es mir recht überlege, besitzt der Tod, mein Tod doch nicht nur eine Farbe: Er hat alle Farben, die es gibt. Ich gehe auch mit allem, was ich bin, in seine Richtung, mit all den Farben in mir. Das gefällt mir, bei dieser Buntheit bleibe ich – wie ANDREAS SCZYGIOL, der schreibt: „Ich dachte als Erstes an Mark Rothko und an eine Ausstellung seiner Bilder, die ich gesehen habe. Es beeindruckte mich sehr, dass er nach der Phase dieser intensiven Farben eine Zeit hatte, wo er ganz schwarze bis graue Bilder gemalt hat und es danach diese Aufhellung gab, aber eben nicht mehr in diesen intensiven, klaren Farben, sondern in sanften, zarten Tönen. Da kam mir der Gedanke: Eigentlich umfasst der Tod für mich alle Farben. Auch Schwarz, aber nicht nur Schwarz. Er ist für mich so ein bisschen wie das Leben, das auch alle Farben umfasst." Eine Freundin, die sehr viel mit Schwerkranken künstlerisch arbeitet, erzählte mir, dass Menschen, die auf den Tod zugehen, sehr oft zarte Pastellfarbtöne wählen, ganz so, als hätten sie die Versöhnung mit ihrem Ende in sich schon stattfinden lassen.

Staunen

Ich schaue aus dem Fenster und staune,
als hätte ich noch nie Sonne und Wolken gesehen.
Christoph Schlingensief (1960–2010) in seinem Buch
So schön wie hier kann's im Himmel gar nicht sein!
Tagebuch einer Krebserkrankung

Braucht es erst eine begrenzte, kleine Welt, damit wir wieder staunen können? Je größer unsere Welt ist, umso mehr sollten wir doch staunen können oder dürfen; aber das Gegenteil ist der Fall. Je größer unser Aktionsradius ist, umso weniger sehen wir die vielen kleinen Wunder.
„Das größte Geschenk in meinem Leben ist diese Krankheit." Diesen Satz von meinem Mann habe ich damals während seiner Leidenszeit nicht wirklich verstanden. Erst jetzt, Jahre danach, eröffnet sich mir im Reflektieren und in meiner eigenen Entwicklung die ganze Pracht dieses Satzes. Und auch ich kann jetzt sagen: Die Krankheit und das Sterben meines Mannes waren auch mein größtes Geschenk. Das hört sich seltsam an, aber wir beide durften zusammen eine Reise zueinander und zu uns selbst starten, zu der wir sicherlich aus freien Stücken niemals aufgebrochen wären.
Wenn die eigene Welt schrumpft, weil man nicht mehr im großen Spiel da draußen mithalten kann, dann haben wir die Wahl: Wollen wir mit Staunen unsere kleine Welt ganz groß machen und in ihr Reisen unternehmen oder aber in Selbstmitleid verfallen, weil uns die Eintrittskarte zur weiten Welt da draußen fehlt?
Wann haben Sie zuletzt den Himmel beobachtet, den Weg einer Ameisenstraße verfolgt, sich über das Familientreiben einer Horde Spatzen amüsiert ... und wann haben Sie sich selbst staunend bei diesen Beobachtungen ertappt?

Diese Wunder im Kleinen fangen Sie wieder an zu sehen, wenn das Schicksal Ihren Möglichkeiten der Teilhabe an der Welt enge Grenzen zieht. Das Tolle daran ist, dass diese Dinge Ihre kleine Welt ungleich größer machen – so groß, wie die Welt da draußen gar nicht sein kann. Die existenzielle Bedrohung bringt uns zum Nachdenken, zum Ordnen. Alles wird klarer, das hektische Treiben draußen kommt nicht mehr in dieser ablenkenden Intensität an uns heran. Ruhe kehrt ein und schafft neuen Raum, Klarheit und Aufgeräumtheit in uns und bestärkt den Wunsch nach Staunen, vor allen Dingen über und mit uns selbst.

Freiheit durch Begrenztheit

Dan Ariely, Professor für Psychologie und Verhaltensökonomie in North Carolina in den USA, sagte in einem Interview: „Dieser Mangel an Ablenkung machte mir bewusst, wie sehr ich es genoss nachzudenken." Ihm war es wegen einer Verbrennung dritten Grades von 70 Prozent seiner Hautoberfläche in jungen Jahren nicht möglich, am normalen Leben teilzunehmen. Seine Welt schien zuerst klein, das Leben vor Schmerzen fast nicht zu ertragen. Auf die Frage, warum er seine Geschichte so offen erzählt, antwortete er: „Weil es das ist, was mich zu meinen Erkenntnissen gebracht hat … Es geht weniger um die Qualen, als vielmehr darum, dass sie wie ein Vergrößerungsglas gewirkt haben, durch das ich etwas sah, worüber ich nachdachte und das ich erforschte." Solche Beschränkungen erscheinen erst einmal nur als Verlust und grausame Belastung, bei näherer Betrachtung aber bieten sie eine Möglichkeit der Vertiefung an, aus der etwas sehr Großes entstehen kann. In dieser Tiefe stehen wir uns selbst gegenüber und können nicht flüchten, weil uns die Weite dafür fehlt. Uns bleibt also nur der Weg in die Tiefe zu uns selbst. Und dann staunen wir darüber, was wir an Schätzen in uns tragen, von denen wir gar nichts wussten und sonst nie etwas erfahren hätten.

Zurückgeworfen auf mich selbst, stelle ich mir Fragen über mich selbst. Ich lerne mich besser kennen und erforsche mich, Vertrauen wächst in mir, und ich öffne mich meinem Gegenüber. Oder wie Dan Ariely sagt: „Es ist eine Frage der Vertrauensbildung: Einer öffnet sich, und dann öffnet sich der andere; so entstehen Beziehungen. Selbst wenn man sich eigentlich gar nicht kennt."
Vertrauen, das in mir aus der Konzentration auf mich selbst heraus entsteht, kann ich auch verschenken. Ich darf mit Vertrauen in den Händen auf mein Gegenüber zugehen und staunen, wie einfach Beziehungen sein dürfen, wenn ich für mich Vertrauen und Klarheit verspüre. Das ist auch eines der Geschenke aus den schlechten Zeiten: zurückgeworfen und eingeschränkt zu sein auf sich selbst, um dann in aller Größe und Vollständigkeit auf sein Gegenüber zuzugehen. Die engen Grenzen unserer Welt verschwinden und verblassen. Es gibt sie gar nicht, weil uns das Leben gezeigt hat, was wichtig ist und was nicht.
Wichtig ist es, unser Staunen festzuhalten über die großen und kleinen Wunder der Welt in uns und um uns. Wir können anknüpfen an sie und sie weiterführen zu einem noch größeren Wunder. Oder wie die deutsche Philosophin Dr. Natalie Knapp kürzlich sinngemäß in einem Interview sagte: Es geht darum, die Lücke zu finden, die kreative Lücke, in der wir das Gefühl bekommen, mitbestimmen zu können. Im Leben ist nie alles perfekt, und genau in diesem Moment können wir unseren Gestaltungswillen ausleben. Dann verschwindet auch die Angst vor der Bedrängnis, welches Thema auch immer diese auslöst.
So ist es auch in Zeiten existenzieller Bedrohung: Da wir so weit entfernt sind von gesellschaftlichen Erwartungen an uns und von den gängigen Vorstellungen für ein perfektes Leben, dürfen wir genau jetzt neuen Gestaltungsboden betreten. Es geht darum, in diesen Momenten anzupacken und zu handeln. Hier und jetzt sind wir gefragt, und genau hier finden wir den Weg zu einem Leben mit wirklich weitem Horizont.

FRAGE

Wie riecht der Tod?

> Wie frisch geschnittenes Gras; wie gute Erde in meiner Hand, wenn ich Blumen pflanze; und wie das Meer, wenn ich darauf warte, dass die Fähre ablegt. Und manchmal ganz anders: faulig, nach Kot und Urin und menschlichem Verfall. Oder nach Medizin und Desinfektionsmitteln, wenn einer den Geruch nach Vergehen übertünchen will. Dann wieder: Wie frisch gemähtes Gras, wie gute Erde, wie das Meer ...
>
> *Hubert Böke*

Dr. Erich Rösch schreibt: „Ich hoffe, er duftet wie eine Frühlingswiese. Nett wäre auch wie feuchter Waldboden oder Seeluft. Das kann er sich aussuchen, je nachdem, wo er gerade herkommt." Auch bei Hans Meiser hat er einen Frühlingsduft, allerdings einen besonderen: „Eine Freundin sagte einmal: ,Der Tod riecht nach Maiglöckchen.' Ich weiß nicht, woher sie das hatte, aber es leuchtete mir damals ein. Die Geruchsforschung hatte behauptet, dass der Maiglöckchenduft den Mann zur Fortpflanzung anrege, da auch Spermien riechen könnten. Da in jedem neu entstandenen Menschen schon der Tod angelegt ist, liegt es nahe, dass auch das Ende des gezeugten Wesens nach Maiglöckchen duften müsste." Die Beobachtung ist inzwischen als künstliches „Laborphänomen" entlarvt und die Behauptung verworfen worden.
Aber ich habe, wie mir scheint, ziemlich naturverbundene Menschen interviewt: geschnittenes Gras, Waldboden, oder – so bei Wilhelm Schmid: „schwerer Moschusduft".
Der Tod hat auch für mich persönlich einen sehr lebendigen Geruch nach Natur. Nach Wiese, Sonne, Heu und Sommer;

einen Geruch von etwas Reifem, abstrakt gesagt: von etwas, das in seinem Zenit steht. Etwas Krönendes, mein Leben bekommt sozusagen durch den Tod den letzten Schliff, und mein Kreis schließt sich. Als man einen Zen-Mönch fragte, was der Sinn des Lebens sei, stand er auf, nahm einen Pinsel und malte einen Kreis. Wir schließen den Kreis, werden als Werk der Schöpfung fertig und zerfallen im selben Moment. Wenn man diese Philosophie dem Leben zugrunde legt, ist der Todestag ein Festtag. Und dann sollte es ein feierlicher, kostbarer Duft sein – irgendwie zart, zerbrechlich und mächtig zugleich.

„Der Tod riecht für mich immer gleich; er hat ganz klar einen Geruch: süßlich-fad", schreibt CHRISTINE BRONNER. Ähnliches habe ich erlebt: Sechs Wochen vor dem Tod meines Mannes umgab ihn eine Wolke von süßlichem Geruch, der nicht unangenehm war und sich mit ihm bewegte. Ich hatte das Gefühl, die Wolke setzte sich noch nicht direkt an ihm fest. In dieser Zeit bildeten wir uns noch einen kleinen Strahl Hoffnung ein. Vielleicht hielt das den Geruch noch beweglich. Ich schätze, etwa zwei Wochen vor seinem Ende setzte dann ein eigentümlicher Geruch ein, der alles übertönte. Seife, Lotion, Parfum – nichts war stärker. Süßlich-schwer und fad, wie es Frau Bronner beschreibt. Keine Leichtigkeit war mehr darin zu riechen. Svens Nieren versagten, und der Urin bekam einen sehr strengen Geruch, den wir mit Apfelessigwaschungen halbwegs neutralisieren konnten. Mit seinem Tod verschwand jedoch jeglicher Geruch. Der Leichnam meines Mannes blieb zum Abschiednehmen noch eine Weile bei uns im Haus, und diese ganze Zeit über roch er nach nichts. Selbst das Aroma des Rosenöls, mit dem Freunde und ich ihn nach der letzten Waschung gemeinsam eingerieben hatten, blieb irgendwie nicht an ihm haften. Ein schöner Gedanke, wie ich gerade merke: Nichts blieb mehr an ihm haften.

Wie schnell ein Geruch wieder präsent sein kann: Jetzt, wenn ich hier schreibe, rieche ich förmlich den vertrauten Geruch meines Mannes. In Kleidung oder anderem hat sich sein Geruch für mich leider nicht gehalten. Ich schließe mich einer Passage in der Antwort von CHRISTINE BRONNER an und behalte den Geruch in meinem Herzen: „Solange ein Mensch lebt, hat jeder seinen eigenen Geruch. Ich versuchte damals nach dem frühen Tod meiner Mutter ihren Geruch zu konservieren, um sie immer wieder riechen zu können. Es hat leider nicht funktioniert – den persönlichen Geruch eines Menschen kann man nicht aufheben. Ich dachte zuerst, ich verliere diesen Geruch, aber ich trage ihn im Herzen wie ihr Lachen und ihre Stimme. Dort werden diese Lebensäußerungen nie verloren gehen."

Wenn wir zum Beispiel den Parfümduft eines verlorenen Menschen zufällig irgendwo riechen, werden sofort all unsere Erinnerungen lebendig. Deswegen gefällt mir die Antwort von MARTIN KREUELS sehr, der sagt: „Er riecht nach dem Parfüm meiner Frau." Eine wunderbare posthume Liebeserklärung.

FRAGE

Wie würden Sie den Tod anziehen? Ist er ein Mann oder eine Frau?

> Wenn es einer von denen ist, die mich holen, dann hat er eine Lederkombi an und kommt mit dem Motorrad, oder er hat eine Badehose an und geht mit mir dort an der Stelle im Walchensee ins Wasser. Das ist meine Vorstellung. Mehr Hoffnung als Vorstellung. Es soll nicht irgendein Fremder sein, der nichts mit mir zu tun hat, der mich nur abfertigt, dann schon lieber ein Freund.
>
> *Dr. Erich Rösch*

Die Fragen, die ich in diesem Buch stelle, berühren letztendlich unsere kindliche Seele und urtümliche Bilder in uns. Unsere kindlich unbeschwerte Fantasie verrückt allzu Festgefahrenes und lässt uns auch schwierige Themengebiete spielerisch erschließen. So entstehen ganz neue Blickwinkel oder Betrachtungsweisen.

„Er ist ein Mann. Ganz klassisch: *Der* Tod. Ich würde ihn als Mann anziehen, und zwar im Stil des Rokoko: mit Gehrock und Rüschen." So staffiert ANSELM BILGRI den Tod aus. HUBERT BÖKE kostümiert ihn je nach Auftreten unterschiedlich: „In seiner freundlichen Gestalt ist er in meiner Vorstellung wie eine mütterliche Frau, die mich in ihren Armen wiegt. Als Kleid stünden ihr weite, wallende Gewänder, vielleicht himmelblau. In seiner dunklen Gestalt ist er für mich wie ein männlicher Einbrecher und Gewalttäter. Wäre ich Filmemacher, würde ich ihn vermummen: gesichtslos wie die Schwarzen Reiter in *Der Herr der Ringe*."

Ganz anders kleidet HANS MEISER den Tod: „Nach dem, was ich bisher gesagt habe, also dass der Tod sowohl männlich als auch weiblich ist, weil ihn jeder Mensch in sich trägt, würde ich ihn androgyn kleiden." Auch für NANDO PARRADO ist der Tod unbestimmten Geschlechts: „No gender. Something like a long gown. [Geschlechtslos. Etwas wie ein langer Umhang.]"
Für mich hingegen ist der Tod weiblich. Ich sehe eine weise ältere Dame in einem weißen Kleid, die mich an der Hand nimmt und zurückführt dorthin, woher ich komme: zurück in den Schoß der Natur. Ich komme aus ihr und gehe wieder in sie ein, und zwar als Asche in den Bergen verstreut, wenn denn mein Wunsch posthum erfüllt wird. Wenn ich das imaginiere, ist da etwas sehr Versöhnliches, etwas Freies. Der ganze Druck, den wir uns in unserem Leben machen, ist weg. Was übrig bleibt, ist ein weißes, fast durchsichtiges Gefühl und ursprüngliche Beweglichkeit.
Ähnliche Gedanken hegt HANS LANGNER: „Weder noch. Tod ist Neutralität; man kann ihm nichts anziehen. Weil ich mich von der Figur des Todes schon gelöst habe, ist für mich die Frage hinfällig. Ich ziehe eher die Toten an als den Tod. Der ist Auflösung, er hat und braucht nichts mehr, ist nur noch Essenz. Der Tod ist schon dort, wo wir hingehen. Im Tod sehen wir Menschen nur den Verlust des Körpers; der Gewinn der Einheit und das Aufgehen im Ganzen werden nicht erkannt, vielleicht weil viele ihren Ursprung, das Sein, unsere Essenz – ihr Lebtag nicht wahrnehmen. Doch wenn man diesen Ursprung erlebt, verliert der Tod seinen Schrecken, da er mit dem Ursprung gleichzusetzen ist. Man geht beim Tod in dem auf, was man schon immer war und von dem wir nie getrennt sein können. Manche nennen es Gott."
Am Ende unseres Lebens erreichen wir gewissermaßen das, was wir uns das ganze Leben hindurch wünschen: ein freies Sein. Wir gewinnen die Freiheit wieder, die wir kurz – und unbewusst – bei unserer Geburt erlebt haben, bevor uns all die Prägungen und Programmierungen des Leben widerfahren sind. Diesen Zielpunkt

sollten wir ein wenig nach vorne in unser Leben rücken und als Lebende ins Auge fassen. Kommen wir unserer eigenen Endlichkeit bewusst näher, können wir aus dieser neuen Betrachtungsweise innere Freiheit für unser Leben gewinnen.

Für ein lebendiges Leben muss ich allem begegnen, was mein Leben ausmacht, also auch meiner Sterblichkeit. Wir versuchen ja nicht nur dem großen eigentlichen Tod zu entkommen, wir tricksen und betrügen auch, um all den kleinen „Toden" davor zu entkommen: dem Tod unserer Sicherheiten, unserer gescheiterten Liebesbeziehungen, dem Tod unserer Träume, Ängste und Projektionen. Wir betrügen unser Ich um ein lebendiges Leben. Das Leben bietet uns durch die vielen kleinen Tode, die es uns auf dem Silbertablett präsentiert, eine Gelegenheit nach der anderen, uns der inneren Freiheit schon im Leben anzunähern.

Ich kenne viele Menschen, die schon längst aufgehört haben zu leben, obwohl sie essen, trinken und arbeiten, auch Partner und Freunde haben. Aber das tägliche Wunder in uns, unsere Lebendigkeit, das eigentliche Geschenk des Lebens, das spüren sie nicht mehr. Sie können es nicht in sich wachsen lassen und es nicht weiterverschenken, weil sie im Leben schon toter sind als mancher wirklich Tote, der in der Liebe seiner Hinterbliebenen und in seinen zu Lebzeiten mutig initiierten Werken oder Veränderungen für sich und andere weiterlebt.

Über unsere Sterblichkeit nachzudenken ist ein Weg, auf dem wir zur Lebendigkeit zurückkehren können. Das Ergebnis ist: Wir werden uns jeden Tag voller Freude dessen bewusst, welch großartiges Geschenk und Wunder unser Leben und das Leben an sich ist. Mit dieser Einstellung, vor diesem erarbeiteten Hintergrund, verlieren viele scheinbar wichtige Dinge ihre Bedeutung, und es bleibt ein stilles Staunen über die Kostbarkeit unseres Lebens. Albert Einstein sagte: „Es gibt zwei Arten, sein Leben zu leben: entweder so, als wäre nichts ein Wunder, oder so, als wäre alles eines." Da sind wir uns doch alle einig, wie wir leben wollen, oder?

Humor

*Ohne Lächeln kommt der Mensch, ohne Lächeln geht er.
Drei fliegende Minuten war er froh.*

Jean Paul (1763–1825)

Ein großes Gut, ein fliegender Teppich über Alltag und äußerer Realität, ist unser Humor. Er lässt einen die Dinge von einer anderen Position aus betrachten. Er zeigt uns neue Aspekte, sprengt Grenzen auf und löst die Starre im Denken, die sich schnell mit der Angst und Unsicherheit in Krisen einschleicht. Humor und Lachen kommen direkt aus unserem Herzen, aus unserer Entspanntheit und Ruhe hinter den Alltagsproblemen. Humor macht sozusagen den Weg frei für frische Luft und Bewegung in uns.
Lachen ist die beste Medizin, sagt ein Sprichwort. Humor, Heiterkeit, Lachen und Frohsinn sind fest in uns angelegt; nur verschütten manchmal Katastrophen diese Schätze. Jemand sagte einmal zu mir: „Lachen ist ein meditativer Zustand, in dem alles kurz stillsteht und in dem wir völlig frei sind." Das stimmt, denn wenn wir herzlich lachen, sind wir eins mit dem Lachen, und unsere Denkmaschine steht endlich einmal still. Keine Sorgen oder Ängste können in diesem Moment eindringen; das Lachen erfüllt uns ganz.
Kinder sind noch so frei, spontan und unbeschwert, dass sie 200- bis 400-mal am Tag lachen. Erwachsene lachen nur etwa 15-mal! Das nenne ich Nachholbedarf! Lassen Sie also das unvernünftige, spontane Kind in sich zum Lachen heraus. Umso erwachsener dürfen Sie danach Ihre Entscheidungen treffen, weil das Lachen Platz geschaffen hat für Herz und Hirn. Die Kräfte beider sind unabdingbar für gute Entscheidungen. Herz oder Hirn lassen einzeln befragt immer einen Teil außen vor. Wir brauchen das harmonische Zusammenspiel von beiden. Und oft verschließt sich das Herz in

Zeiten von Krankheit und Sterben aus Angst vor Verletzung und Schmerz. Humor ist dann ein perfekter Türöffner.

Lachen entspannt, entlastet, befreit

Die Mitarbeiter in Pflegestationen, Krankenhäusern und Hospizen werden heutzutage ausdrücklich gehalten, aktiv Humor in ihre Arbeit einzubringen, denn Lachen federt Schicksalsschläge ab, puffert, schafft kurzfristig Abstand zu den Ereignissen. „Es müsste in jeder Abteilung einen Arzt für Humor geben, der vorlebt und miterleben lässt, wie Humor Stress abbaut und sich der Körper mit Lachen entspannen kann", sagte ein Palliativmediziner zu mir. Außerdem ist Lachen ist sehr gesund, denn Glückshormone und schmerzstillende körpereigene Substanzen werden dabei ausgeschüttet, der Körper entspannt sich, und das Zwerchfell massiert die Organe. Sogar der Blutdruck sinkt.

Viele Kliniken beschäftigen eigene Clowns, die professionell mit Humor für eine emotionale Entlastung der Patienten sorgen, und sei sie auch noch so kurz. Es geht dabei gar nicht um die Komik an sich, sondern nur um die kleine Pause, die einem das Lachen verschafft. In dieser ist es möglich, einen Perspektivwechsel durch die entstandene Bewegung in sich vorzunehmen, eine andere Haltung zu gewinnen im Denken und Fühlen.

In unserer Zeit in Krankenhäusern, Rehakliniken oder zu Hause habe ich mich öfter ein wenig geschämt dafür, wie lustig es bei uns oft zuging. Man ist einfach nicht lustig in einer ernsten Krise – so die landläufige Meinung. Unser Haus war zu Pflegezeiten meist mit Freunden gefüllt, und es herrschte eine ungezwungene Atmosphäre. Alles war da. Angst, übertrieben zur Schau gestellte Selbstsicherheit, größte Unsicherheit, Panik und jede andere denkbare Gefühlsregung, wie „angemessen" oder „fehl am Platz" auch immer. Der Humor kam mir vor wie ein überbeschäftigter Mediator, der alle Hände voll zu tun hatte damit, all diese Gefühle und Zustände so zu koordinieren, dass wir einigermaßen gut zusammen leben konnten. Aber er hat seinen Job gut gemacht, und wir erlebten dadurch ein bisschen mehr Lebendigkeit.

Als Sven aus dem Koma erwacht war, hatte er den Wunsch, seinen Kopf ganz kahl zu rasieren. Für die verschiedenen Gehirnöffnungen wurde immer nur ein kleines Stück rasiert, und nun sah sein Kopf aus wie ein Fleckenteppich. Spiegel, Rasierschaum, Elektrorasierer et cetera wurden ans Bett geschafft. Seine Cousine und ich machten ihm alle möglichen Frisuren bis hin zum Irokesenschnitt. Dazwischen immer ein prüfender Blick seinerseits in den Spiegel plus modische Korrekturvorschläge. Wir hatten viel Spaß dabei, und es war das erste Mal nach diesen schweren Operationen, dass er wieder von Herzen lachte. Es strengte ihn an, weil er noch ziemlich schwach war, aber die Freude, die Zuversicht, die Kraft fürs Weiterkämpfen, die er aus dieser Aktion zog, waren unbezahlbar und die Anstrengung wert. Er wackelte da in seinem Bett wie ein mechanisch aufziehbarer Buddha. Die Atmung und das Sitzen im Bett – alles war nur mit Mühe machbar, und so gluckste er mehr, als dass er lachte. Ich werde das Geräusch und die blitzenden Augen dabei nie vergessen. Heinz Rühmann sagte: „Das Lachen ist das Kleingeld des Glücks." Wenn es nach der Menge des Lachens in dieser Zeit gehen würde, wären wir sehr glücklich und reich beschenkt gewesen. Und ich glaube, das waren wir wirklich. In dieser bedrückenden Zeit haben wir gelernt, über unsere Unzulänglichkeiten zu lachen, zu schmunzeln, sie mit versöhnlichem Lächeln anzunehmen. Die Bedrohung ließ weder Raum noch Zeit, Kleinigkeiten so zu beachten wie sonst: 200 Gramm zu viel auf der Waage, eine Falte mehr, ein neues graues Haar… Wenn in solchen Zeiten ein graues Haar auftaucht, ist gar keine Zeit für dessen Betrachtung, und es ist eine gute Sache auch für alle, die ihre Krise überleben, dieses versöhnliche, auflösende Lächeln beizubehalten und zu pflegen, weil es dabei hilft, die richtige Unterscheidung von Wichtigem und Unwichtigem zu erhalten.

FRAGE

Wie möchten Sie bestattet sein?

> „In der Erde, mit Sarg – ganz ungewöhnlich in der heutigen Zeit, da alle zu Asche verbrannt werden wollen."
>
> *Wilhelm Schmid*

Immer weniger Menschen hierzulande wollen traditionell körperbestattet werden wie zum Beispiel Wilhelm Schmid. Viele Krematorien haben hingegen lange Wartezeiten. Der finanzielle Aspekt und Platznot spielen bei dieser Entwicklung sicher eine Rolle; aber wohl nicht nur. Ich denke, vielen geht es ähnlich wie mir: Ich traue es mich hier zu sagen, weil mir meine Interviewpartner Mut dazu machen. Sie trauen sich hier auch sehr viel und sprechen offen über ein Thema, an das die meisten von uns am liebsten nicht einmal denken. Die Vorstellung, von Würmern angefressen und zerfressen, von Mikroorganismen zersetzt zu werden, ist jedenfalls nicht wirklich mein Ding. Dann lieber als Asche in den Bergen verstreut. Auch so bin ich der Natur zurückgegeben und anvertraut, aber die verstreut meine Krümel dann, wie sie will. So bin ich in Bewegung und frei.

NANDO PARRADO antwortet ähnlich: „Cremated and my ashes dropped in the high summits of the Andes, where my mother, sister, and father are buried. A monument that kings, emperors, and pharaohs would envy. [Eingeäschert, die Asche zwischen den hohen Gipfeln der Anden abgeworfen, wo meine Mutter, Schwester und Vater begraben sind. Ein Denkmal, um das mich Kaiser und Pharaonen beneiden würden.]"

DR. ERICH RÖSCH hat beides am Walchensee, seinem bevorzugten letzten Ort – Wasser und Berge: „Ich würde gerne verbrannt

werden, und die Asche soll in den Walchensee. Darum wäre es vielleicht doch gut, wenn der Tod in der Badehose kommt."
CHRISTINE BRONNER wünscht sich ebenfalls verbrannt zu werden, für ihre zwei verstorbenen Kinder aber konnte sie das nicht bestimmen: „Feuerbestattet. Ich finde die Vorstellung nicht so schön mit meinem Körper bestattet zu sein. Meine Kinder konnte ich nicht feuerbestatten, für mich möchte ich das aber schon. Die Wahl des Bestattungsorts überlasse ich meiner Familie, weil ich weiß, dass es im Zweifelsfall für Angehörige wichtig ist, einen Ort zu haben, den sie besuchen können. Ich möchte keine klassische Trauerfeier, denn in diesem Moment ist für die Angehörigen alles schon schwer genug. Sie sollen eine fröhliche Musik spielen, die zu ihrer Erinnerung an mich passt, und ich hätte gern Luftballons wie bei einer Kinderbeerdigung. Was sie dann mit der Asche machen, bleibt ihnen überlassen."
Ich habe in Gedanken die Beschreibung von Denys Finch Hattons Grabstelle in Tania Blixens *Afrika – dunkel lockende Welt* vor mir: „Das Grab lag um vierhundert Meter höher als mein Haus, die Luft war anders hier, durchsichtig wie ein Glas Wasser, weiche, milde Winde spielten einem ums Gesicht; über die Gipfel der Berge kamen von Osten die Wolken gewandert, strichen mit ihren Schatten über das wellige Land und verflogen und zergingen über dem Rifttal." Eine Seite zuvor schreibt Blixen über die Beerdigung Hattons: „Als er in das Grab abgesenkt wurde, verwandelte sich die Landschaft und wurde zu dem Gefäß, das ihn barg; stumm, wie er selbst, ragten feierlich die Berge, sie wussten und verstanden, was wir in ihren Schoß taten; bald werden sie selbst die Vollstrecker der Feier, sie wurde ein Begräbnis zwischen ihnen und ihm, und die Menschen, die zugegen waren, schrumpften zusammen zu einer kleinen unansehnlichen Schar von Zuschauern." Das fühlt sich gut an: Eine schöne Vorstellung, so von der Natur, der Erde wieder aufgenommen zu werden. Nur Erde und Mensch. Die Vorstellung, letztmalig aufgenommen zu werden und geborgen zu

sein – dieses Mal nicht bei einem anderen Menschen oder bei sich selbst, sondern im Schoß der Natur.

Es ist eine traurige und gleichzeitig erlösende Aussicht, zu einem großen Ganzen zurückkehren zu dürfen, wie es Hans Meiser im Kreis seiner Familie empfindet: „Dort, wo die Eltern begraben sind, damit auch hier wieder die ursprüngliche Einheit hergestellt ist. Alles strebt dorthin, woher es kommt."

Die Übergabe an die Erde, egal ob verbrannt oder nicht, ist für mich der Schlussstein, die Vollendung im Bau des runden Lebensbogens. Ich will in den Kreislauf der Natur übergehen und frei sein – nicht in einer Urne auf dem Kaminsims stehen oder als Diamant an jemandes Hals baumeln. Es ist mein Ende, und trotzdem werde ich wieder zu einem Anfang. Die Natur hat mich wieder, in ihr bin ich wieder dabei, eben nur in anderer Form.

Frau Bühler-Karsubke hat hier auch eine ganz natürliche Vorstellung: „Am liebsten nackt in ein Leintuch gehüllt unter einer Birke begraben. Da das nicht geht, suche ich immer noch nach einer stimmigen Lösung."

Walter Kohl schwankt im Detail noch ein wenig, hat aber eine konkrete Vorstellung von seinem Grab und der Umgebung: „In einem Grab, sodass die Menschen, die um mich trauern möchten, einen Ort für ihre Trauer haben. Das Grab soll sehr schlicht und einfach sein, vielleicht ein Urnengrab. Ich habe mich da noch nicht endgültig entschieden. Auf keinen Fall möchte ich keine üppige Grabgestaltung, die dann aufwendige Pflege verlangt. Einfach einen Grabstein mit meinem Namen, etwas schlichtes Grün davor und einen zweiten, kleineren Stein, sodass man sich bequem zu mir setzen kann, wenn man mein Grab besucht."

Stille

Die reine Anwesenheit ist das größte Geschenk,
das man jemandem machen kann, der dem Tod gegenübersteht.

Irvin David Yalom (US-amerikanischer
Psychologe, Psychiater und Schriftsteller; *1931)

Wenn Schmerz, Ohnmacht und Angst so schlimm werden, dass uns die Worte fehlen, gilt es das Leid gemeinsam stumm zu ertragen. In dieser Stille wandern alle Gefühle – ohne Worte als Transportmittel – zu dem, der Anteilnahme und Mitgefühl braucht und seine Hilfsbedürftigkeit und seine Wünsche aus Schwäche oder Resignation nicht mehr artikulieren kann.
Eine Klientin erzählte mir, dass sie ein Dreivierteljahr nach dem plötzlichen Tod ihres Mannes sich wieder in die Stille in sich selbst traute. Es tat ihr gut, verlangte aber auch Mut, ihre Fragen in diese Stille hinein zu stellen und Antworten nicht in der Außenwelt zu suchen. Sie verzweifelte auch nicht mehr, wenn sie einmal keine Antwort in sich fand. Sie probierte es dann immer wieder und stellte die Fragen so oft, bis sie wusste, was richtig für sie war.
Das klingt sehr einfach und fällt uns trotzdem schwer: die Stille suchen und sie aushalten. Meist brauchen wir dafür „positive Weckrufe", wie der Analytiker Yalom sagt, existenzielle Erfahrungen, die uns dafür den Mut verleihen, die uns aufrütteln und dazu bringen, in der Stille unsere eigene Quelle zu suchen. Aus ihr können wir dann die großen Fragen beantworten: Warum sind wir da, was ist unser Sinn im Leben, wie wollen wir leben?
Auch dies ist ein Gewinn, den wir aus einer existenziellen Bedrohung schöpfen können, die uns als Angehörige streift oder uns selbst betrifft. Für erstere bedeutet es eine Chance, die wichtigen Fragen ans eigene Leben zu stellen und die Notwendigkeit dafür

zu sehen. Den Todkranken stellen sich diese Fragen relativ schnell, denn sie erkennen, dass bei knapp werdender Lebenszeit keine Regeln mehr gelten. Man kann nur noch versuchen, wahrhaftig zu leben und sich auch den unbequemsten Dingen zu stellen. Still wird es dann meist von selbst um uns herum, denn man tritt unweigerlich aus seiner Routine heraus, wenn die Kraft schwindet. Die Stille, die dann eintritt, verschafft unserer inneren Stimme Gehör, die uns die Frage stellt: Wer bist Du?

„Wer, wie, was, wieso, weshalb, warum – wer nicht fragt, bleibt dumm." Perfekt passt der Liedtext aus der Fernsehserie *Sesamstraße* für das neugierige junge Publikum, denn Kinder fragen laufend wie die Wilden. Wir Erwachsene aber fragen oft erst wieder, wenn wir auf den Tod zugehen oder es für einen uns nahen Menschen ans Sterben geht. Wir tendieren dazu, vor allem zu Anfang und gegen Ende des Lebens Fragen zu stellen. Zwischen Kindheit und Sterben, im Leben selbst, glauben wir wohl alles Nötige zu wissen. Lass mich nicht dumm sterben, sagt man flapsig zu jemandem, der mit einer Antwort zögert und einen zappeln lässt. Lassen wir uns nicht selbst des Öfteren zappeln, wenn es um die Antwort auf die wichtigen Lebensfragen geht? Wie ungeschickt. Wie viel reichhaltiger wäre wohl ein ab und an hinterfragtes Leben.

Die reine Anwesenheit, sagt Irvin Yalom, sei das größte mögliche Geschenk an jemanden, dem der baldige Tod bevorsteht. Aber können wir überhaupt wirklich anwesend sein bei jemandem, der stirbt? Und wie können wir anwesend sein, welcher Teil von uns? Doch nur so viel, wie wir in uns selbst präsent sind.

Anwesend bin ich nur, wenn es still in mir ist. Nur dann kann ich mich selbst sehen, erfassen und begreifen. In der Stille wird alles in uns hörbar; aber wir müssen das dann aushalten können. Wer zum ersten Mal eine Sitzmeditation macht, bei der im Grunde genommen nichts anderes passiert, als dass er seinen Geist beobachtet, der merkt sehr schnell, was da in der Stille alles aus dem eigenen Morast emporsteigt und wie viel Kraft es zu Anfang braucht, diese

Gedanken, Ängste, Emotionen mit Gleichmut auszuhalten, nicht zu bewerten und einfach vorbeiziehen zu lassen.

Der Film *Die große Stille* von Philip Gröning handelt von der Grande Chatreuse in Frankreich, dem Mutterkloster der Karthäuser. In den 165 Minuten dieses Films wird kein Wort gesprochen. Er zeigt nur das Klosterleben, den Lauf der Zeit, den Wechsel der Jahreszeiten, die Rituale der Mönche, das mehrmals am Tag wiederholte Beten. Die Stille des Klosterlebens breitet sich in dem Film und im Zuschauer aus. In der Kritik der *Süddeutschen Zeitung* heißt es treffend: „Dieser Film führt uns zurück zu uns selbst. Ein kleines Wunder!" Zu uns zurück: Genau das Wunder, um das es mir hier beim Thema Stille geht.

Augenblicke der Stille suchen

Dass wir nicht immer die große Stille leben können oder wollen, ist klar. Auch ich möchte zur quirligen Gesellschaft gehören. Dafür liebe ich die Menschen und ihre Gesellschaft viel zu sehr, als dass ich ganz zurückgezogen leben wollte. Aber es genügt schon, kleine Momente der Stille in unseren Alltag zu integrieren, sich einfach hinzusetzen und die Stille wahrzunehmen. Seit Kindertagen praktiziere ich zusammen mit meinem Vater das „Himmelschauen". Wir setzen uns noch heute ab und an auf die Bank vor dem Haus und schauen zusammen einfach nur in den Himmel. Wir beobachten, wie die Wolken ziehen, die mal groß, mal klein sind, die sich ständig umformen wie unsere Gedanken auch. Manchmal ist einfach nur blauer Himmel – keine Spur von einer Wolke: Das nennen wir schönes Wetter, und so sind auch die Momente inneren Glücks. Da gibt es auch keine Wolken, da ist nur der Glücksmoment an sich und sonst nichts. Es wird wohlig ruhig in einem, wenn man so sitzt, und danach ergeben sich manchmal sehr intensive Gespräche, ganz so, als hätte man sich durch die Stille von allem Lauten und Lärmenden befreien müssen.

FRAGE

Was fürchten Sie am meisten durch den Tod zu verlieren? Familie, Besitz, das Leben?

> Das Bewusstsein.
>
> *Wilhelm Schmid*

In einem Punkt sind sich bei dieser Frage alle meine Interviewpartner einig: Vor materiellem Verlust fürchten sie sich alle so wenig wie ich, vor dem Verlust des eigenen Lebens und der Familie schon eher. Das hängt ganz von den jeweiligen Lebensumständen und der familiären Situation ab.

Ich sehe es ähnlich wie MARGIT GRATZ: „Ich verliere gar nichts. Was auch immer ich auf Erden habe, tue und schaffe, ist endlich und soll seine Sinnhaftigkeit in der Gegenwart entfalten." Die Liebe, die mir entgegengebracht wurde und die ich empfinden durfte, die bleibt in mir. Und selbst von der Liebe, die ich anderen geschenkt habe, bleibt etwas in mir zurück. Es gibt nichts zu verlieren. Meine nicht mehr vorhandene Familie ist mir in dieser Form geblieben: in Liebe. Und sie wird immer durch die Liebe, die wir füreinander empfunden haben, in mir und bei mir sein.

Eigentlich können wir nur gewinnen: Wir dürfen unseren Kreis, der bis zu unserem Tod noch nicht geschlossen ist, vollenden, sodass wir wieder eins werden mit der Natur und dem anheimfallen, was auch immer danach noch kommen mag oder auch nicht, je nachdem, was wir glauben. Das Ende ist unverzichtbarer „Programmbestandteil" des Lebens: So wie ich weiß, dass ich geboren worden bin, weiß ich, dass ich sterben werde. Auf meinen Anfang muss ein Ende folgen. Die Zeit dazwischen gilt es mit

Liebe zu füllen, im Geben, aber auch im Annehmen, so gut es mir möglich ist. Das Ende wird mein Neuanfang sein.

Martin Kreuels schreibt sogar: „… ich verliere nichts, sondern gewinne hinzu …" Das wäre auch eine interessante Fragestellung gewesen: Was glauben Sie durch den Tod hinzuzugewinnen? Auch laut Walter Kohl können wir eigentlich nichts verlieren: „Letztlich besitzen wir nichts. Wir sind nackt gekommen, und wir gehen auch wieder nackt. Aller Besitz ist geliehen, und alle damit verbundenen Ansprüche sind vor allem Ausdruck unserer Bedürfnisse, unseres Egos. Wir verlieren nichts durch den Tod, wir geben nur das uns Geliehene zurück."

Hans Langner stellt eine Bedingung: „Wenn ich zu Lebzeiten in der Fülle lebe – ich meine nicht finanzielle Fülle, sondern generell Lebensfülle –, dann kann der Tod kommen, wann er will, und mir fehlt nichts mehr. Ich brauche nichts mehr und vermisse nichts mehr, möchte nichts mehr verlängern oder gehabt haben."

Anselm Bilgri, selbst kinderlos, schreibt: „Meine Herkunftsfamilie, meine Freunde. Besitz? Da ich 30 Jahre im Kloster war, hatte ich keine Gelegenheit, Besitz anzuhäufen. Jetzt habe ich etwas geerbt, aber mit 60 hängt mein Herz nicht daran. Es ist schon die eigene Existenz, die ich fürchte zu verlieren. Dass man selber nicht mehr da ist – körperlich. Vielleicht ist es ein Trost, dass wir in den Erinnerungen der Menschen weiterleben, in ihnen Spuren hinterlassen haben. So ist mir das Denken an meine eigene Vergangenheit ein Ansporn, etwas zu tun, mich einzusetzen für ein Ideal. Insofern möchte ich Spuren hinterlassen. Ganz als Anonymus zu sterben, dafür bin ich zu eitel. Aber bei meinem Einsatz muss es schon um etwas Sinnvolles gehen."

Hubert Böke hat Kinder und schreibt Folgendes: „Die Nähe meiner Liebsten. Wäre das Totenreich eine Schattenwelt, was viele alten Völker glaubten, dann wäre der Tod vor allem dieses: Isolation und Alleinsein. Ich fürchte mich auch, mich selbst zu verlieren, und kann es mir eigentlich gar nicht vorstellen: nichts mehr

Welcher Verlust durch den Tod ist am schlimmsten?

zu wissen von meinen Gefühlen, meinen Gedanken und inneren Bildern, meiner Lebensgeschichte. So kann es uns ja schon in diesem Leben ergehen, etwa bei einer Demenz. Auch bei einer solchen Krankheit hätte ich mich verloren – und meine Nächsten den Menschen, wie sie ihn kannten. Ich glaube aber und vertraue darauf, dass Gottes Beziehung zu uns nicht endet und wir uns in Seinem Lichte wiederfinden und wieder begegnen werden."

CHRISTINE BRONNER ist Mutter von fünf Kindern und antwortet zum Thema Verlust: „Um Besitz geht es gar nicht; aber die Trennung von der Familie wird sehr schwer werden und die vom eigenen Leben. Wobei ich glaube, dass ich danach meine Mutter und meine verstorbenen Kinder wiedersehen werde, auch dass ich Jesus kennenlernen werde. Darauf bin ich schon sehr gespannt. Insofern weiß ich gar nicht, ob ich in dem Moment noch so an meinem eigenen Leben hängen werde."

Auch MARTINA BÜHLER-KARSUBKES größte Furcht ist der Verlust ihrer Familie: „Meine Familie und meine Katze zu verlieren ist meine schlimmste Vorstellung. Mein eigenes Leben ist nicht so schlimm, und da das sprichwörtliche letzte Hemd keine Taschen hat, ist der Besitz total unwichtig."

In meiner Kindheit erzählte mir mein Vater von seiner Nahtoderfahrung, die ein unglaublich spannendes Thema für mich war. Seine Antwort auf eine meiner Fragen verwirrte und verunsicherte mich als Kind. Heute als Erwachsene beruhigt sie mich. „Hast du in diesem Moment nicht an mich gedacht?", fragte ich ihn, als er mir beschrieb, wie er von der Zimmerdecke des Operationssaals aus die Ärzte beobachtete. Sie bemühten sich um die Rettung seines Lebens, er aber entschwand immer mehr in ein wohliges Gefühl und wollte davon nicht mehr zurück.

HUBERT BÖKE, der als Seelsorger in einer großen Klinik arbeitet, kennt solche Erfahrungen auch aus Erzählungen der ihm anvertrauten Patienten: „Schon viele Menschen, die ich begleitet habe, haben mir Nahtoderfahrungen beschrieben. Oft erzählten sie mir, dass ihnen vertraute Menschen an der ‚Grenze' gewartet haben, um sie willkommen zu heißen. Ihre Zeit zu gehen war dann doch noch nicht gekommen, aber wer einmal eine solche Erfahrung gemacht hat, der fürchtet sich offenbar nicht mehr vor dem Tod. Er fürchtet nicht mehr, dass er seine Nächsten und sich selbst verliert. Viele Menschen berichten im Gegenteil, dass sie im diesseitigen Leben niemals so intensive Erfahrungen gemacht haben. Was ich daraus für mich selbst gewinne, ist meine Hoffnung, dass unser Weg mit dem Tod nicht endet, dass der Tod uns nicht ins Alleinsein führt. Der – sich verändernde und doch bleibende – Schmerz der Trauer wird uns helfen, dass wir uns dort wiedererkennen werden."

Ob man nun an diese Art von Erfahrungen glaubt oder sie auf einen biochemischen Prozess im Gehirn reduziert: Für mich ist es eine sehr befreiende Aussicht, mich in der Stunde des Sterbens so fühlen zu können, wie es die Nahtoderfahrenen berichten. Vielleicht darf ich das auch. Es würde mir gefallen, und es beruhigt mich, dass wir zu so einem freien Gefühl fähig sind: Alles fällt von einem ab, alles Menschliche, alles Irdische rückt ab von uns, und wir bleiben im nackten Sein übrig. Unser Ego schrumpft zusammen, und alle unsere Bedürfnisse verschwinden. Ich finde, das ist eine sehr schöne, fast schon beglückende Vorstellung. Diese Freiheit fühlt sich jetzt schon wunderbar an.

Liebe

Liebe ist die höchste Tapferkeit: Sie ist zu jedem Opfer bereit.
Emanuel von Bodman (deutscher Dichter; 1874–1946)

Ein Buch mit privaten Aufzeichnungen, Gedichten und Briefen von Marilyn Monroe heißt *Tapfer lieben* – wie wunderbar treffend für die Prüfungen, denen die Liebe zwischen Angehörigen in ernsten Krisen ausgesetzt ist. Sie muss auszuhalten lernen, ohne zu zerbrechen. Die Wortkreation „Antifragilität" des libanesischen Essayisten Nassim Nicholas Taleb (*1960) aus dessen gleichnamigem Buch passt ebenfalls, denn es geht in schlechten Zeiten um mehr als nur Robustheit. Nach Taleb kann Widerstand bestenfalls einen Zustand konservieren. Das Antifragile versucht nicht Zufall und Ungewissheit um jeden Preis abzuwehren, sondern Stärke daraus zu gewinnen. Ich stelle es mir trainierbar vor wie einen Muskel, den wachsende Belastungen immer stärker machen.

In der Ungewissheit, die bei lebensbedrohlicher Krankheit auf uns als Betroffenen oder Angehörigen lastet, stärken wir durch unser Bemühen unsere Liebesfähigkeit. Darin immer besser zu werden ist ein großer Lohn für die Anstrengung. Nicht zu wissen, ob man diese Herausforderung schaffen wird, und sich ihr trotzdem zu stellen, verdient das Wort Tapferkeit.

Liebe verändert sich, ist gefährdet, gerät auf Irrwege, erfährt Zerreißproben – wie alles Zwischenmenschliche. Aber mit dem konkreten Hintergrund der Endlichkeit erleben wir das alles wesentlich intensiver und schicksalhafter. Keine diffuse Besorgnis treibt einen um, sondern die Bedrohung des eigenen Lebens schlechthin steht direkt und leibhaftig vor dem Betroffenen.

Den Angehörigen geht es kaum anders. Auch ihr Leben wird durcheinandergewürfelt und muss neu geordnet werden – bestenfalls, wenn es nämlich noch etwas zu ordnen gibt. Ich erlebe, dass sich viele Paare oder Familien in einer derartigen Lage auflösen. Ich kann das sehr gut nachvollziehen, denn nichts, worauf man sich bislang verlassen konnte, worauf man sich mit seinen Ängsten und Bedürfnissen zeitweise ausruhen konnte und was einem ein wenig Sicherheit bot, hat Bestand. Man verliert den Boden unter den Füßen, und das zwischenmenschliche Gefüge gerät ins Wanken. Alles stürzt in ein Chaos, wo man doch gerade jetzt Ordnung und Struktur am nötigsten hätte. In einer solchen Notlage noch die Kraft aufzubringen, neben all den anderen Dingen, die zu bewältigen sind, an einer Beziehung und einer Familie zu arbeiten, sie leidenschaftlich und lebendig zu halten, das habe ich manchmal als übergroße, unmögliche Aufgabe empfunden. Es verlangt Tapferkeit, Durchhaltevermögen und Leidensfähigkeit, so schwere Zeiten im Zwischenmenschlichen intakt zu überstehen.

Die Liebe gibt uns Stabilität und ist zugleich sehr gefährdet. Sie und zugleich sich selbst hinüberzuretten und sich zugleich von ihr tragen zu lassen ist ein paradoxer Hochseilakt. Viel Verständnis, Fürsorge, Opferbereitschaft und Einfühlungsvermögen verlangt die Situation von den Betroffenen. Manchmal ist professionelle Hilfe notwendig, um den Partnern einen Weg zu weisen.

Ich kann mich noch gut an unser letztes Beziehungsjubiläum erinnern; es war das einundzwanzigste. Sven hatte gerade eine Gehirnoperation überstanden, und zwei weitere sollten folgen, die nächste am Morgen. Vorher feierten wir noch einmal unser Glück und unsere Liebe. Ich kaufte seine Lieblingstörtchen und andere Leckereien, und das Krankenbett wurde zum Picknickplatz. Wir hätten vor Angst zerfließen müssen bei dem, was bevorstand, aber das taten wir nicht. Auch jetzt waren wir ein Paar, und unsere große Liebe füreinander ließen wir nicht von der Angst auffressen. Es galt in diesem Moment unsere 21 Jahre zu feiern, die Liebe, die so viele Höhen und Tiefen erlebte. Es galt uns zu feiern, uns beide, die wir schon so lange immer wieder einen Weg zueinander fanden und lebendig sein konnten miteinander. Das musste auch damals gefeiert werden. Liebe kann unendlich stark sein, sie kann alles überstehen. Sie hat nur einen Anspruch, eine Bedingung: Freiheit. Sie braucht Luft zum Atmen, Zeit und Raum, um sich bewegen zu können. Es ist unsere einzige Aufgabe, die wir ihr gegenüber zu erfüllen haben, ihr die größtmögliche Freiheit in uns und im Zwischenmenschlichen zu gewähren. Wir dürfen sie nicht ersticken lassen in unseren Ängsten, in der Dramatik unseres Lebens. Sich ihrer immer wieder bewusst zu werden, sie vor allzu großer Bedrängung durch Alltägliches zu schützen, ihr immer wieder den höchsten Rang in unserem Leben einzuräumen, sie möglichst frei von starren Vorstellungen, Bedingungen und Erwartungen in uns und zwischen uns wachsen zu lassen, das ist eine lebenslange Übung. Die bedrückende Zeit von Krankheit und Sterben kann uns auf diesem Weg enorm bereichern.

In einer für ihn gesundheitlich sehr schweren Zeit setzte sich Sven eines Tages zu mir an den Tisch und unterbreitete mir einen Vorschlag: „Ich spüre, dass die Situation dich sehr belastet, ich möchte dir vorschlagen, dass du hier im Haus bleibst und ich für einige Zeit in eine kleine Wohnung ziehe. Ich möchte nicht, dass du durch meine Krankheit so über deine Grenzen gehen musst. Wir schaffen das auch so, wichtig ist im Moment nur, dass du wieder für dich in deine Kraft kommst."

Ich war tatsächlich erschöpft von der Fülle der Anforderungen dieser Zeit an mich. Die Situation engte nicht nur unsere Beziehung ein, sondern auch jeden für sich. Dass Sven die Aufmerksamkeit aufbrachte zu sehen, dass ich am liebsten hätte flüchten wollen, gerade das hat mir den Mut und die Freiheit gegeben, mich allem zu stellen, was noch auf uns zukommen sollte. Er spürte, dass ich kaum noch weiterkonnte, und bot mir inmitten seiner Not und Bedürftigkeit eine Auszeit an. Er, der todkrank war, der jede Hilfe brauchte, trat einen Schritt zurück, sah mich in meiner Not und gab mir Freiheit – das nennt man, glaube ich, Liebe.

FRAGE

Wo im Körper fühlen Sie die Angst vor dem Tod? Wo zittern Sie?

> Aktuell bange ich um das Weiterleben meines Mannes, der an Krebs erkrankt ist. Seine Diagnose ist düster, aber keiner kann sagen, wann es zu Ende gehen und dann zu Ende sein wird. So fühle ich den Abschied in meiner Brust und habe das Gefühl, dass das Zittern vor allem in meinen Augen ist.
>
> *Martina Bühler-Karsubke*

Sterben und Tod – das eine ein dynamischer Vorgang, das andere ein passiver Zustand – sind auch emotional zwei ganz unterschiedliche Gegebenheiten für uns. Den Tod, das unausweichliche Nichtmehrdasein, können wir uns theoretisch einigermaßen vorstellen und uns eventuell sogar damit anfreunden. Aber wie wir sterben werden, das wissen wir nicht, und wir fürchten uns alle mehr oder weniger vor diesem Prozess. Er kann schrecklich und schmerzensreich verlaufen, aber auch erträglich, nämlich wenn wir umsorgt und geborgen sterben dürfen, vielleicht palliativ versorgt. Das Wie ist die große Unbekannte in unserem Leben: Wo werden wir sein, wenn es so weit ist? Auf der Autobahn oder auf dem Operationstisch, im Gebirge oder in den Armen eines Fremden, wie Walter Kohl es bei einer Frage zuvor erzählte?

Wie Martina Bühler-Karsubke erzittert HUBERT BÖKE, wenn er den Tod hautnah und als Gefühl an sich heranlässt. Er zittert „da, wo mir der Atem stockt und sich ein Alb auf meinen Brustkorb setzt. Der Tod als ‚hautnaher' Gedanke verschlägt mir heute den

Wo im Körper sitzt Ihre Angst vor dem Tod?

Atem. Ich hänge an meinem Leben und bitte ihn, es noch eine Weile dauern zu lassen mit dem Abschiednehmenmüssen. Wenn aber mein Körper nur noch Baustelle, nur noch müde und zu Tode erschöpft wäre, verschlüge es mir den Atem, wenn der Tod weiter auf sich warten ließe."

Bei ANSELM BILGRI meldet sich die Todesangst im emotionalen Gehirn, das sich im Bauch befindet, im Magen-Darm-Trakt. Es ist ein Nervensystem, das nach Ansicht einiger Wissenschaftler sogar mehr Nervenzellen besitzt als unser Rückenmark. Kopf und Bauch stehen in ständigem Kontakt, und die Signale aus den Eingeweiden wirken auf das limbische System, eine Region im Gehirn, die unter anderem Gefühle steuert. Anselm Bilgri also: „Im Bauch. Ich würde es gar nicht Zittern nennen; es ist aber Angst, und es müsste die fundamentalste Angst sein, die der Mensch empfindet. Aber die klassische Angst vor dem Tiger, dem wir entfliehen müssen, diese Angst ist es nicht, denn vor dem Tod kann man nicht flüchten. Man hat keine Chance. Er ist etwas Unausweichliches, dem wir uns stellen müssen. Die biologischen Ökologen sagen ja, dass es nur zwei oder auch vier Grundtriebe gibt: Fressen, Sex, Flucht und Aggression. Entweder fliehe ich oder ich werde aggressiv. Das Verhalten des modernen Menschen ist im Grunde beides: Flucht und Aggression. Die massive Ablehnung des Themas Sterben hat etwas Aggressives, und das Ausklammern ist gleichzeitig eine Fluchtreaktion: Man will sich damit weder auseinandersetzen noch beschäftigen."

Auch CHRISTINE BRONNER fühlt die Angst im Bauch: „Grundsätzlich spüre ich den Tod, das Loslassen meiner Familie, in der Magengegend. Ich musste mir die Situation schon einmal im Rahmen meiner Ausbildung anhand einer Sterbemeditation vorstellen, und das war die Hölle: Mich auf den Weg zu machen, auf Gott einzulassen, das war nicht das Problem. Aber meine Familie loslassen zu müssen war sehr schmerzhaft und ist Gott sei Dank im Moment noch nicht angesagt."

Meine Angst hat sich mit der Länge der Bekanntschaft mit dem Tod mehrmals verändert. Bei der Diagnose von Svens Krankheit war die Angst nur ein kurzes Aufflackern, ein kleiner Moment der Panik darüber, dass unser Lebensentwurf so, wie wir ihn uns ausgemalt hatten, nicht stattfinden würde. Aber weil im Leben alles machbar ist, wenn man nur will – so denkt man in jungen Jahren –, war das erst einmal kein Thema. Wir mussten uns nur ein wenig mehr anstrengen, und schon waren Krankheit und Sterben wieder raus aus unserem Spiel. Das ging die ersten Jahre sehr gut, und ich konnte mich selbst bei meiner beginnenden Arbeit in Selbsthilfegruppen und mit Sterbenden in einer Art abgrenzen, die an eine narzisstische Überheblichkeit gegenüber dem Tod grenzt, ja fast schon dem Leben gegenüber. Alle Angst haben wir durch Aktionismus verdrängt, und wenn jemand starb, dann waren das ja nicht wir oder ich, sondern immer noch die anderen.

Nun ist die Endlichkeit hartnäckig, und mit den Jahren machte sie sich immer mehr in unserem Leben breit. Sie ließ sich auch nicht von meinem Aktionismus und meiner Arbeit mit Betroffenen beeindrucken. Milde lächelnd schaute sie mir zu und dachte sich: Es mag sehr löblich sein, dass sie sich um andere kümmert, aber im Endeffekt versucht sie schneller als alle anderen vor mir davonzulaufen. Auch mein Mann versuchte der Sterblichkeit durch viel Arbeit und viel Beschäftigung zu entkommen. Wir dachten: Wenn wir uns im Leben so schnell drehen, so viel Stress haben, so viel arbeiten, was interessiert mich da die Vergänglichkeit? Der Tod wird uns nicht kriegen.

Aber die Endlichkeit hatte sich nun einmal entschieden, bei uns zu wohnen und unser geduldigster Lehrmeister zu sein, ob wir wollten oder nicht. Mit den verschiedenen weiteren Diagnosen meines Mannes wurden unsere Versuche, sie zu vertreiben, immer aussichtsloser. Eine Zeit lang ignorierten wir sie; zumindest bekämpften wir sie nicht weiter, denn das hatte Kraft gekostet, die wir für solch einen sinnlosen und ungleichen Kampf nicht mehr hatten. So viel hatten wir schon gelernt. Unsere schwindenden Reserven drängten uns in die richtige Spur, und wir stolperten missmutig, aber folgsam dahin – wie Kinder, die sich widerwillig den Anweisungen von Erwachsenen fügen müssen.

Nachdem Sven seine dritte Gehirnoperation hinter sich hatte, brauchte er sehr lange, um wieder gehen zu lernen und mental etwas Stabilität zu finden. Die Angst vor dem Tod meines Mannes, vor der Endlichkeit an sich und so auch vor meinem eigenen Tod spürte ich da wie Anselm Bilgri in meinem Bauch. Bei Gesprächen mit Ärzten, oder wenn Sven starke Schmerzen hatte und ich überfordert war, hilflos danebenstand und nichts tun konnte, krampfte sich mir die Bauchgegend zusammen.

Ich kann heute diese meine größte Verletzung im Leben stetig in eine immer größer wachsende Stärke umwandeln. Einen Verlust zu erleiden war früher meine größte Angst. Sie lähmte mich geradezu. Mittlerweile ist aus ihr eine „Kunst des Verlierens" entstanden. Diesen schönen Begriff leihe ich mir von der US-amerikanischen Dichterin Elizabeth Bishop (1911–1979).

Die eigene Angst zu ertasten – alleine oder mit der Hilfe von anderen, die uns mutig zur Seite stehen – und mit Kreativität und Fantasie den Schatz zu bergen, der sich darunter versteckt, ist ein großes Glück im Leben. Verlust wird mich mein Leben lang begleiten. Der Tod meines Mannes, dieser Schlag des Schicksals, katapultierte mich aus meiner alten, aus Kindertagen stammenden Verlustangst heraus sozusagen in eine höhere Umlaufbahn. Dort konnte ich mich mit mir, meiner Angst und dem Verlust meines Partners versöhnen. Mit dieser Versöhnung ging eine Art Öffnung in mir einher, die mittlerweile in unterschiedlichster Hinsicht das Eigenkapital für meine Arbeit ist.

Heute tastet sich die Angst vor dem Thema Sterben aus einer ganz anderen Richtung an mich heran. Weil ich nun nicht mehr in einem Familienverbund lebe, tauchen neue Gedanken und Ängste in diesem Kontext auf: Wer wird da sein, wenn ich einmal krank sein und wenn ich sterben werde? Es sind eher organisatorische Fragen, die mich beschäftigen, das Drumherum vor dem Sterben. Innerlich fühle ich mich sehr ausgefüllt. Ich durfte bis dato sehr intensiv leben, fühle mich satt, zufrieden und ruhig genug, um alleine, aber hoffentlich von außen gut versorgt, sterben zu können. Schauen wir mal, wenn es so weit ist, ob ich dann noch so die Ruhe bewahren werde.

WALTER KOHL hat eine für ihn lebensbedrohliche Situation erlebt und schreibt, dass er in diesem Moment eine fast schon wohltuende Ruhe spüren durfte. Das lässt mich hoffen: „Ich hatte einmal eine sehr dramatische Gefahrensituation in den Alpen, als ich mich in dichtem Nebel verlief und plötzlich am Rande eines Schneebretts wiederfand. Diese Schneewehe ragte mehrere Meter über die Kante des Felsens hinaus, sodass ich mich de facto nur von Eis und Schnee getragen über einem etwa 100 Meter steil abfallenden Abgrund befand. Ich weiß noch heute, wie ich über die Kante des Schneebretts, keine zwei Meter entfernt, in den Abgrund blicken konnte. In diesem Moment raste mein Leben in Sekundenschnelle an mir vorbei, und ich dachte noch bei mir: So fühlt sich also Tod an, jetzt ist es so weit. Zugleich war ein Gefühl totaler Stille und Ruhe in mir. Es war das Gefühl des absoluten Nichts. Es war weder belastend noch euphorisch. Es war Sein in einer extrem konzentrierten Form.

Ich robbte flach auf dem Bauch ganz langsam zurück in Richtung Hang. Der Rückweg dauerte eine gefühlte kleine Ewigkeit.

Als ich im wahrsten Sinne des Wortes wieder festen Boden unter den Füßen hatte, setzte ich mich an einen Baum und weinte; aber nicht so sehr aus Angst, sondern mehr aus Erleichterung. Später – es war schon Nacht, als ins Hotel zurückkehrte – fühlte ich mich sehr leicht und beschwingt. Ich habe damals niemandem von meinem Abenteuer erzählt. Ich hatte nur eine neue Gewissheit entdeckt: Das mit dem Tod ist für mich gar nicht so schlimm. Ja sicher, ich will leben, aber der Tod kommt auch irgendwann

unausweichlich auf mich zu. Und wenn er so wie auf dem Schneebrett kommt, dann ist das okay."
Dem Tod von der Schippe zu springen oder sozusagen einen Tod in unserem Inneren zu überleben, indem wir zum Beispiel einer Angst in uns direkt begegnen, diese direkte Konfrontation setzt positive Energie frei, die wir bestenfalls in ein bewussteres Leben investieren können. All das trifft auf NANDO PARRADO zu, der schreibt: „It is not a physical feeling, it is in my mind, but without fear. Maybe death could be the most incredible experience of life. So many things will be revealed ... or not ... [Es ist kein körperliches Gefühl, sondern in meiner Seele, aber ohne Angst. Der Tod könnte vielleicht die unglaublichste Erfahrung des Lebens sein. So vieles wird offenbart werden – oder auch nicht.]"
Wir wünschen uns alle, nicht zu sehr erzittern zu müssen beim Sterben, einem anstrengenden Prozess, der emotional unendlich viel Kraft kostet. Wenn wir andere in ihrem Erzittern verstehen wollen, müssen wir unserem eigenen Erzittern begegnen; dann sprechen wir die gleiche Sprache. Wenn wir da angekommen sind, einander so zu verstehen, dann kann sich vielleicht manches Mal unsere Angst umwandeln, und wir können etwas anderes fühlen – etwa wie MARTIN KREUELS, der sagt: „Da ist keine Angst, sondern Freude." Oder wie HANS LANGNER, der schreibt: „Ich muss zu meiner Schande gestehen, dass ich keinen Funken Angst vor dem Tod habe. Ich kann versuchen, den Tod oder den Gedanken daran in meinem Körper zu spüren, und dann ist da nichts außer Ruhe, da der Tod unendliche Ruhe ist. Es gibt eigentlich nichts Schöneres als Menschen, die gestorben sind und so unbeschreiblich schön und entspannt sind in ihrem Frieden und ihrer Ruhe."
Bis ich so weit bin, halte ich es am liebsten mit UDO HAHN, der die Angst in seinen Gedanken wiederfindet, so wie sie auch WILHELM SCHMID im Kopf wahrnimmt. Vielleicht ist das nicht der schlechteste Platz für sie. Dort hält sie uns beweglich und kreativ, spornt uns an zu neuen Ideen, Visionen und Gedanken.

Innere Haltung

Nicht was, sondern wie man erträgt, ist wichtig.
　　　　Seneca (römischer Philosoph; um 1–65 n. Chr.)

In schweren Zeiten ist es wichtig, sich einen passenden Rhythmus zu suchen. Wir müssen alte Rituale reaktivieren und neue finden, überhaupt alles tun, was uns Struktur gibt und woran unsere Seele Halt findet im Gewirr von Gefühlen und Geschehnissen. Schon etwas so Simples wie regelmäßiges konzentriertes und diszipliniertes Sitzen kann uns helfen: Nehmen Sie eine Zeit lang bewusst eine Haltung ein, die nach außen durch einen geraden Rücken, ruhiges Atmen und eine konstante Sitzposition gekennzeichnet ist. Schon dies verändert Ihre innere Haltung.
In schicksalhaften Krisen suchen alte und neue Ängste Macht über uns als Angehörige oder selbst Betroffene zu erlangen. Sie sind wie wilde Pferde, die nicht auf den Kutscher hören. Sie vertrauen und gehorchen uns nicht. Ohne Führung aber gehen die inneren Pferde mit uns durch, bis sie vor Erschöpfung umfallen. In panischer Flucht können wir auf Dauer dem gerade so schweren Leben nicht standhalten. Auch in bedrückenden Zeiten, so anstrengend, entmutigend und unangenehm sie auch sein mögen, müssen wir einen Weg finden, ruhig und besonnen zu bleiben. Auf diesem Weg werden wir auch auf die in Krisensituationen enthaltenen Potenziale stoßen. Mit Abwenden und Davonlaufen aus der Situation ist keinem von uns gedient, weder dem Sterbenden noch den Angehörigen. Sicher werden wir immer wieder Momente erleben, in denen wir spontan flüchten müssen, weil wir keine Energie mehr für die Anstrengung haben, wo wir alles hinwerfen wollen und in Selbstmitleid zerfließen, weil das Leben gar zu schwierig ist. Das ist wohl unausweichlich und völlig legitim, solange wir

nur immer wieder zu uns zurückkehren. Aber dafür muss es uns erst einmal bewusst sein, dass wir gerade nicht ganz bei uns sind. Die Realität zu sehen und sehen zu wollen, sie ertragen zu können und sie nicht durch neue oder alte Illusionen ersetzen zu wollen bedarf einiger Achtsamkeit, und die können wir einüben.

Erkenntnis durch Meditation

In Achtsamkeitsübungen und Meditationen geht es nicht darum, in seiner inneren Welt zu versinken oder eine solche aufzubauen. Im Gegenteil: Wir müssen lernen, die Realität zu erkennen, das Chaos der Welt zu sehen und trotzdem ruhig und bei uns zu bleiben. Beim beschriebenen achtsamen Sitzen können unangenehme Emotionen aufkommen, die schwer auszuhalten sind. Ich kann dabei zum Beispiel sehr traurig werden. Dann ist es meine Aufgabe, dieses Traurigsein zuzulassen und nicht zu unterdrücken. Ich soll es einfach in mir sein lassen. Wenn Trauer aufkommt, dann ist sie eben da. Wir sollten sie dann nicht in ein Gedankenkonstrukt packen wollen, sie nicht einem Objekt zuordnen, sondern sie einfach in uns sein lassen. Wir nehmen unsere Traurigkeit in diesem Moment an, im Hier und Jetzt. Sie wird vorüberziehen; wie alles andere wird auch sie nicht ewig bleiben.
Achtsamkeit heißt Konzentration auf den Moment: Wahrnehmen ohne Bewertung. Sie hat nichts zum Ziel. Es geht nur darum, dass das Hier und Jetzt sein darf, wie es ist. Und wenn Tränen fließen wollen, dann dürfen sie fließen. Auch das nehmen wir nur wahr. Wir können uns gerade in harten Zeiten im Grunde gar nichts anderes leisten als die Realität wahrzunehmen, denn unsere Kräfte und Ressourcen werden bis zum Letzten gebraucht und aufgezehrt. Wer kann sich da noch erschöpfende Umwege leisten? Fluchtversuche kosten nur noch mehr Energie und lenken uns vom Hier und Jetzt ab. Also ist es das Beste, sich den Gegebenheiten und ihren Qualitäten zu stellen.

Selbstverständlich ertappe ich mich selbst immer noch trotz des täglichen Übens von Achtsamkeit beim kreativen Leugnen der Realität, und ich bin auch weiterhin nicht über diese schlechte Gewohnheit erhaben. Auf Erleuchtung erhebe ich weder einen Anspruch noch ist sie mein Idealziel.

Ich will wenigstens einigermaßen bewusst leben, und so bricht spätestens bei der nächsten „Sitzung" meine schöne Illusion zusammen. Aber sich selbst ein wenig anzuschwindeln ist doch einfach menschlich. Das Beste ist, man lächelt sich beim Ertappen versöhnlich und verständnisvoll selbst zu und kehrt zurück auf den harten Boden der Realität. Und versucht es noch einmal. Das ist eine lebenslange Übung, und das Schöne daran ist, dass man immer besser wird darin. Es ist wie beim Joggen: Zuerst denkt man, das schaffe ich nie, aber nach und nach kommt mit dem Training die Ausdauer. Und dann die Glücksgefühle.

Ich möchte das tägliche Üben der achtsamen Sitzmeditation nicht mehr missen. Sie befähigt mich immer besser, Achtsamkeit und Gleichmut in mein Leben aufzunehmen. Ich beachte das Jetzt, achte auf das, was ist, und dadurch achte ich mich. Und wenn ich mich achten kann, dann gewinne ich auch Achtung vor meinem Gegenüber – die Grundlage für gute Beziehungen.

Meine erste Meditationsübung vor über zwanzig Jahren war der Beginn einer Reise, auf der ich allen möglichen Facetten meiner selbst begegnet bin und noch begegne. Sie zeigt mir, wer ich wirklich bin, hilft mir, mich in mir zurechtzufinden. Sie hat mir den Unterschied gezeigt zwischen wahrer Realität und selbst gebastelter Scheinrealität, also den Illusionen. Achtsamkeit bedeutet Festgelegtes abzulegen, Dinge neu zu betrachten, Situationen neu zu erleben, anzusehen und vor allen Dingen sie zu hinterfragen.

Realität und Illusion sind nicht immer ein erkennbarer Gegensatz. Sie können auf den ersten Blick fast identisch sein; dafür sorgen wir mit nahezu grenzenloser Kreativität darin, dem Unangenehmen aus dem Weg zu gehen, also auch der Gewissheit unserer

Endlichkeit. Irgendwie ist es schon erschreckend, dass wir in unserem Leben Übende bis zu unserem letzten Tag sein sollen und dass das alles so lange dauert. Gibt es denn keine schnellere Erleuchtung? Kann man den Frieden in sich durch die reale Sicht der Dinge nicht kaufen? Nein! Keine gute Nachricht, ich weiß. Aber das Geniale ist, dass einem das immer wieder realistisch und achtsam eingeübte Leben keiner mehr nehmen kann. Zusätzlich wird es immer nur besser.

Das Gewahrsein lässt uns unsere Gedanken als Gedanken erkennen, denn sie sind gar nicht die Realität, obwohl wir das oft verwechseln. Wir können uns viel zusätzliches Leid in schlechten Zeiten ersparen, wenn wir uns nicht laufend mit Fragen quälen wie: „Was soll ich bloß tun, wenn …?" Wir müssen uns nicht aufhalten mit solchen Konstrukten, die sich unsere Denkmaschine ausgedacht hat. Wir lernen zu unterscheiden zwischen uns selbst, unseren Gedanken und der Realität. Achtsamkeitsübungen lehren uns zu sehen, was ist. Damit werden wir frei in uns und können uns entscheiden, ob wir es verändern wollen oder nicht. Nur was mir bewusst ist, kann ich verändern.

Wir bemerken, dass uns Sorgen, Ängste und Wünsche in die Zukunft forttragen wollen, sodass wir nicht in der Gegenwart präsent sein können. Das Leben und wir sind dann an zwei unterschiedlichen Orten. Mit unserem neuen Wissen bekommen wir die Möglichkeit, uns weniger Sorgen zu machen, weil wir unsere Gedanken als Konstrukte erkennen. Wir haben gelernt, dass uns die gewohnte Art zu denken nur vom Leben im Jetzt entfernt. Ob wir ein Morgen erleben, wissen wir heute noch nicht.

Nicht herumsitzen und nicht aussitzen, sondern sitzen mit einer würdevollen Haltung in uns, das kann uns Mut machen und Kraft geben, den Blick zu wagen auf das, was wirklich ist. Den anderen sehen, wie er wirklich ist, mich sehen, wie ich wirklich bin – das erleichtert vieles im Leben. Ich muss nicht immer und so blitzschnell reagieren, wie das die Gesellschaft und auch wir selbst erwarten. Zuerst erfahren Sie das durch Achtsamkeitsübungen an sich selbst, aber nach und nach können Sie das in Ihren Alltag mitnehmen, können Erfahrungen und Erlebnissen Zeit geben, eine Resonanz in Ihnen zu entwickeln. Sie können Dinge ausklingen lassen. Das ist wichtig, denn die Dinge müssen sich setzen, damit wir adäquate Entscheidungen treffen können.

Achtsamkeit dagegensetzen

Achtsamkeit ist der Gegenentwurf zu dem herrschenden Zwang, nur ja jede Sekunde zu nutzen, um glücklich und erfolgreich zu werden. Das einfache Sein und die Berechtigung dazu müssen wir neu einüben: „Ich darf sein." Versuchen Sie ein paar Tage lang, fünfmal pro Tag eine Minute lang innezuhalten. Beobachten Sie, was gerade ist: Welche Emotionen sind da, wie fühlt sich Ihr Körper an? Beobachten Sie die Lage, in der Sie gerade sind, nehmen Sie die Welt wahr, ohne sie zu bewerten. Solche Achtsamkeit fördert auf Dauer eine Lebenseinstellung, die getragen ist von Ruhe, Leichtigkeit, Dankbarkeit, Freiheit und einer gewissen Distanz zu den Dingen. So bin ich beweglicher und kann die Welt umfassender betrachten. Ich erkenne, dass es immer mehrere Sichtweisen auf ein- und dieselbe Sache gibt. Das erweitert meine Freiheit und vergrößert meinen Entscheidungsspielraum. Zusätzlich bildet die erweiterte Perspektive den Boden für positive Emotionen, also für das von uns so herbeigesehnte Glück.

Es gibt viele Arten der Meditation, und jeder kann die für ihn sympathischste Form auswählen. Die *Bergmeditation* ist eine kleine Übung, die ich oft mit schwerstkranken Menschen mache, die sich bis zuletzt weigern, die Krankheit oder den Tod anzunehmen. Ziel ist es, sich von innen heraus mit Bildern zu stärken für das, was unweigerlich kommen wird. Es geht darum, die Ressourcen zu aktivieren, die wir in uns haben. Das Bild des Berges kann in Zeiten der Unruhe und Verzweiflung bei den Patienten bestenfalls wieder abgerufen werden. Sie können dann ihren eigenen felsenfest stehenden Berg in sich finden und spüren, die eigenen versteckten Ressourcen für diese Momente fühlbar mobilisieren.

> **Übung: Bergmeditation**
> Stellen Sie sich einen Berg vor, so wie er Ihnen am besten gefällt. Erleben Sie im Geiste die Jahreszeiten, denen der Berg ausgesetzt ist. Riechen Sie in der Phantasie die verschiedenen Düfte: Blütenduft im Frühling, den Geruch von Staub und Sommerregen, das strenge Aroma des Herbstlaubs … Spüren Sie Eisregen im stürmischen Winter und die Frühlingssonne, die das Leben wieder aufweckt. Wandel und Veränderung, Sturm und Hitze – nichts von außen kann dem Berg etwas anhaben. Er ist einfach nur da. Nichts beeindruckt ihn, er weiß um seine Masse und Festigkeit. Was mit den Jahren über ihn hinwegzieht, ist nichts als ein äußeres Kommen und Gehen, ein Kulissenwechsel. Nichts bleibt für immer, nicht der größte Schmerz, nicht das größte Glück. Der Berg bleibt ruhig und verharrt in majestätischer Gleichmut.
> Mit diesen archetypischen Bildern können Sie allmählich zu ein wenig Gleichmut gegenüber der Situation finden.

Lernen wir von der Natur, einfach nur zu sein, gleichmütig und achtsam, egal was außen geschieht. Jeder von uns trägt diese Kraft und Ruhe in sich, wie verschüttet sie auch sein mag. Mit dieser aufrechten Haltung sind die Schmerzen, die Angst vor dem Ungewissen und dem Allzugewissen wesentlich erträglicher. Das Praktizieren dieser inneren Haltung ist für uns ein Rest an Machbarem, denn mehr bleibt uns in Krisenzeiten oft nicht.

FRAGE

Wie könnte ein Ort aussehen, an dem man sich sicher vor dem Tod verstecken könnte?

> Kein Ort, nirgends.
> *Wilhelm Schmid*

Auch bei dieser Frage sind wir uns alle einig: Natürlich gibt es keinen Ort, an dem man sich wirklich vor ihm verstecken könnte. ANDREAS SCZYGIOL antwortet denn auch fast auf die entgegengesetzte Frage – nach unseren Verstecken vor dem Leben: „Ich mag's gar nicht als erstrebenswert ansehen, mich vor dem Tod zu verstecken. Wenn wir uns verstecken vor Dingen, die uns Angst machen, ist doch die Frage: Was haben wir dann für ein Leben? Wenn ich Angst davor habe, unter die Menschen zu gehen, und mich deshalb zu Hause in meiner Wohnung einschließe, entkomme ich zwar dieser Angst; aber was ist das dann für ein Leben? Es passiert so leicht, dass man vor lauter Angst vor Verletzungen, Enttäuschungen oder falschen Entscheidungen sich nicht richtig zu leben traut und sich selbst halb tot macht damit."

Vielleicht sollten wir uns wirklich besser fragen, wovor wir uns im Leben verstecken – ganz so, wie sich auch MARGIT GRATZ fragt: „Es gibt keinen Ort. Bevor ich mich verstecke, würde ich lieber überlegen: Warum habe ich das Bedürfnis, mich zu verstecken? Was steckt dahinter? Sich zu verstecken und die Angst vor dem Entdecktwerden auszuhalten ist anstrengend. Die Kraft würde ich lieber darauf verwenden wollen, mein Leben zu gestalten."

Auch MARTIN KREUELS ist es zu anstrengend, sich dauernd vor dem Tod zu verstecken. Außerdem hat er die Hoffnung, ja den Wunsch, von jemand ganz Bestimmtem abgeholt zu werden, nämlich von seiner verstorbenen Frau: „Ich will mich ja gar nicht verstecken. Sie *soll* mich ja irgendwann finden – wenn ich ihr nicht sogar irgendwann entgegengehe."

HUBERT BÖKE wüsste ein Versteck, zieht es dann aber vor, im Leben auf den Tod zu warten: „In einem Grab könnten wir uns vor ihm verstecken. Dort möchte ich aber nicht auf ihn warten. Lieber mitten im Leben."

Als Kind war ich beim Spielen geschickt darin, mich zu verstecken, aber noch besser im Finden der anderen – vielleicht ein kleiner erster Hinweis auf meine jetzige berufliche Orientierung: Auch in der Psychotherapie geht es oft um Verstecke, die wir alle nur zu gerne haben. Manche davon gilt es zu verlassen.

Heute, als Erwachsene, brauche ich wie wir alle ein Gegenüber, das meine besten Verstecke noch vor mir selbst kennt und mich milde lächelnd daraus hervorlockt. Manchmal zählt dieser Partner bis zehn oder zwanzig, bis er mich enttarnt. Ein andermal lässt er mich in meinem Versteck hocken und wartet, bis es mir darin langweilig wird. Dann erkenne ich, dass es keinen Sinn hat, darin sitzen zu bleiben, da ich so nur dem Leben dabei zusehen kann, wie es vorbeizieht, was ich ja eigentlich nicht will. Ich glaube, wir alle brauchen so einen Menschen, der uns mit leisen, mitfühlenden, verständnisvollen Tönen aus unseren Verstecken lockt. Herauskommen müssen wir natürlich selbst. Dieses Gegenüber kann ein naher Freund sein oder der Lebenspartner, wobei manche unserer Verstecke nur von einem Profi zu finden sind. Wir haben sie über die Jahre so gut getarnt, dass wir sie selbst oft nicht mehr erkennen und unsere Lebenslügen für die Realität halten.

Mitunter aber sind Krankheit, Sterben und Tod die richtigen Spürhunde für unser verstecktes Leben. Sie holen uns sehr unsanft heraus in eine neue Lebendigkeit.

Hans Langner schreibt: „Es gibt keinen solchen Ort – weder auf der Erde noch im Universum noch sonst irgendwo. Braucht man auch nicht. Der Tod durchdringt jeden Panzerschrank und kriecht durch jedes Schlüsselloch." Ja, es gibt kein Versteck vor dem Tod, und trotzdem suchen und suchen wir verzweifelt tagaus, tagein, um unserer Angst, unserem Entsetzen, der Ohnmacht und Verzweiflung darüber zu entkommen.

Mein Mann sagte über seine Krankheit, dass sie seine beste Zeit im Leben war. Die Krankheit sei mit sein größtes Glück gewesen, denn sie habe ihn gezwungen, aus seinen Lebensverstecken herauszukommen. Vor dem Hintergrund seiner eigenen Sterblichkeit habe er den Wert des Lebens für sich völlig neu bewerten dürfen und vielleicht zum ersten Mal im Leben den eigenen Wert gespürt. Jeder für sich und auch gemeinsam kamen wir uns mithilfe dieser Unausweichlichkeit näher. Mit ihr im Hintergrund konzentriert man sich unweigerlich auf das Essenzielle im eigenen Leben und im Zwischenmenschlichen.

„Es gibt keinen Ort, an dem ich vor ihm sicher sein könnte. Wichtiger aber ist es zu wissen, dass es keinen Ort gibt, an dem Gott nicht ist." Nach dieser Überzeugung von Udo Hahn umfasst die Gnade Gottes alles, bezieht alle denkbaren Orte ein und wirkt und gilt auch am Lebensende und danach.

Er benennt dazu die Bibelstelle Psalm 139,7–10: „Wohin soll ich gehen vor deinem Geist, und wohin soll ich fliehen vor deinem Angesicht? Führe ich gen Himmel, so bist du da; bettete ich mich bei den Toten, siehe, so bist du auch da. Nähme ich Flügel der Morgenröte und bliebe am äußersten Meer, so würde auch dort deine Hand mich führen und deine Rechte mich halten."

Trost

*Kein besseres Heilmittel gibt es im Leid
als eines edlen Freundes Zuspruch.*
Euripides (griechischer Dichter; um 480–406 v. Chr.)

Törööö für ›bitte trösten‹ – so lautete die Überschrift eines Artikels in der *Süddeutschen Zeitung* von Sebastian Herrmann, Redakteur im Ressort Wissen. „Elefanten spenden verängstigten Artgenossen Trost. Sie reagieren auf subtile Signale und muntern Kameraden auf – mit einer speziellen Rüssel-Geste." Für dieses emotionale Verhalten müssen die Elefanten in Grundzügen zu einer sonst typisch menschlichen Leistung fähig sein, der Empathie. Die Perspektive des Gegenübers einzunehmen, das ist Empathie. Ich fühle, kann nachfühlen, fühle mit, was im anderen vor sich geht. Im Tierreich war dies bis dato nur von Menschenaffen, Hunden und einigen Krähenarten bekannt.

Elefanten leben in einem engen sozialen Gefüge, in dem sie die subtilen Signale von Gruppenmitgliedern erkennen, die Unterstützung brauchen. Sie helfen Artgenossen gezielt bei der Lösungssuche für spezifische Aufgaben, sie spenden Trost, wenn ein anderer Elefant unter Stress gerät. Es gibt sogenannte Tanten, die sich auch um fremde Kinder kümmern, und wenn ein Elefant aus der Gruppe stirbt, wird gemeinsam getrauert. Braucht ein Artgenosse Trost, weil er sich fürchtet oder in Panik ist, stecken ihm Herdengenossen ihren Rüssel ins Maul, berühren und streicheln damit sanft sein Gesicht und geben, wie Herrmann schreibt, ein hohes Gezwitscher von sich.

Was dem Elefanten der Rüssel, das sind für uns die Hände; und wo er zwitschert, spenden wir beruhigenden Zuspruch. Auch wir sind zu allen möglichen empathischen Bezügen untereinander in der

Lage, wenn wir aufmerksam und achtsam auf die oft subtilen und wortlosen Hilferufe achten. Viele Betroffene schämen sich, Hilfe zu erbitten; sie verstummen aus Scham, weil sie nicht noch mehr zur Last fallen wollen oder weil sie sogar dafür zu schwach sind. Dann müssen wir als Begleitende die Perspektive des Kranken und Sterbenden einnehmen und versuchen, uns in sie hineinzuversetzen. So erfühlen und erahnen wir, was zu tun ist.
In der Hospizhelferausbildung übt man dieses Einfühlen in den Patienten mit der folgenden kleinen Übung.

Übung: Sie sind der Todkranke

Legen Sie sich auf ein Bett und stellen Sie sich plastisch vor, Sie wären schwer krank und müssten bald sterben. Nehmen Sie sich viel Zeit und versuchen Sie sich geduldig die Situation bis ins kleinste Detail hinein vorzustellen: Sie können das Bett nicht verlassen, sind bei jedem Bedürfnis auf fremde Hilfe angewiesen. Was wünschen Sie sich als Sterbender, wie soll Ihre Umgebung aussehen? Wie sollen Ihre Mitmenschen auf Sie reagieren?

Trost kann durch Worte, Gesten oder Berührung geschenkt werden. Mit den Worten ist es nicht so einfach, sie können den Schmerz und die Ohnmacht in Extremsituationen oft nicht auffangen, weil man nicht die richtigen Worte dafür findet, wenn es überhaupt welche gibt. Jemandem schweigend die Hand zu halten und damit auch die Situation für einen Moment zu halten, kann dann besser helfen. So die Hand zu halten bedeutet dem Gegenüber das Gefühl zu geben: Du bist nicht allein, du wirst in deiner Not prinzipiell verstanden, auch wenn nicht auf jedes Detail eingegangen werden kann. Aber du wirst gesehen, bist es wert, dass man deine Not erkennt. Du bist immer noch in Verbindung mit

dem Leben und gehörst zu uns. Mehr können wir den Betroffenen oft gar nicht schenken. Wenn man sich näher steht, kann es unendlich viel Trost spenden, den anderen im Arm zu halten.
Als es mit meinem Mann auf das Ende zuging, musste er zeitweise starke Unruhezustände aushalten. Manchmal wollte er eine Beruhigungstablette, die mal half und mal nicht; aber immer wurde er in diesen Momenten auf seinen Wunsch hin von uns gehalten, von seinen Freunden oder mir. Ich summte ihm dabei oft Lieder vor, und wenn ich Glück hatte und es ein guter Tag war, schlief er dabei ein. Ich ließ ihn auch dann nicht los; das musste ich ihm vorher versprechen.
Einmal saß ich bei ihm auf dem Bett, und er fragte mich, wie er sich entscheiden solle: „Soll ich sterben oder leben?" Was soll man auf diese Frage antworten außer: „Es ist gut so, wie du dich entscheidest."? Mehr kann man nicht sagen; alles andere verbietet der Respekt vor dem Prozess, den ein Sterbender durchmacht. Ich habe ihn danach einfach nur im Arm gehalten.
Sie fragen sich vielleicht, warum er mir diese Frage überhaupt stellte; er wusste doch inzwischen, dass er bald sterben musste. Aber es passiert nicht alles im Gleichschritt, vor allem nicht, wenn es dem Ende zugeht. Der Körper meines Mannes zeigte eindeutige Zeichen des Verfalls, und es war gar nicht daran zu denken, dass er seine Krankheit überleben könnte. Aber seine Seele hinkte hinter seinem Körper her zu dem Zeitpunkt, als er mir die Frage nach seinem Tod oder Leben stellte.
Alles was uns ausmacht, die Elemente Körper, Seele und Geist, ist unterwegs, um auf eine gemeinsame Spur und ans Ziel zu gelangen, an den Endpunkt. Dass die drei Elemente nicht immer synchron gehen, ist typisch für den Prozess des Sterbens. Im Pilgerschritt tastet sich das Leben mal vorwärts, mal wieder umschauend einen Schritt zurück, an sein Ende heran.
Der Prozess verdichtet sich immer mehr und wird immer schwerer. Ein großer innerer Schmerz tritt hervor. Manche nennen

ihn spirituellen Schmerz, weil das Leben aufhört und man sich endgültig von ihm lösen und seine bisherige Form verlassen muss. Gegen diese Art von Schmerz ist kein Kraut gewachsen, und vielleicht soll es das auch nicht. Im Sterbeprozess gibt es Momente, wo wir Angst- und Unruhezustände aushalten müssen, oder wie unsere Palliativschwester schlicht sagte: „Sterben ist nicht einfach." Es ist ein schmerzhafter Prozess, in dem die besten Medikamente uns den psychischen Schmerz nicht nehmen können.

Jetzt, da ich hier darüber schreibe, frage ich mich, ob es wirklich das Beste ist, einen Zack-Bumm-Umfallen-Tod zu sterben, wie man ihn sich im Allgemeinen wünscht. Eigentlich bin ich bei dem Gedanken sofort dabei und will mich dem Wunsch anschließen. Aber wenn ich mir den Tod meines Mannes in Erinnerung rufe, der trotz allen Elends und Leids ein schönes Ende gefunden hat, frage ich mich, ob ich für mich etwas verpassen würde. Sein Ende war sozusagen „komplett", weil die geistig-seelische Ablösung vom Leben dazugehörte und nicht nur die körperliche. Will ich wirklich nur tot umfallen, ohne durch einen Prozess des Sterbens zu gehen? Diese Frage finde ich vermessen all denen gegenüber, die ihre schnelle Erlösung aus großem Leid herbeisehnen, den einzigen „Trost" in ihrer Situation, die einzige Perspektive.

FRAGE

Wie könnten Sie sich eine Reise mit dem Tod vorstellen? Pauschal- oder Abenteuerurlaub?

> Das Leben ist ein Abenteuerurlaub, und der Tod fährt stets mit. Ich muss ihn also gar nicht erst einladen.
>
> *Walter Kohl*

Eine Pauschalreise würde keiner meiner Interviewpartner unternehmen, alle sind Individualisten. WILHELM SCHMID hat sogar große Reisepläne: „Abenteuer, größtmögliches Abenteuer, Aufenthalt auf einem Meteoriten." Macht der Tod unser Leben erst zu einem richtigen Abenteuer? Wir wissen nicht, wann er kommt und wohin er uns mitnehmen wird – alles ist völlig im Ungewissen.
Zu wissen, dass wir nichts unter Kontrolle haben, ist mit das größte Abenteuer. Das empfindet auch CHRISTINE BRONNER: „Den Tod habe ich immer dabei, und das Leben ist wie ein Abenteuerurlaub, bei dem ich auch nie weiß, ob ich heil zurückkomme. Das Leben ist ein Risiko: Ich weiß nicht, was gleich oder in einer Stunde passieren wird. Gott sei Dank wissen wir auch nicht, wann wir sterben werden, sonst würden wir in ständiger Angst auf diesen Zeitpunkt hin leben. Trotzdem bereitet uns der Kontrollverlust, das Nicht-im-Griff-Haben, solche Schwierigkeiten."
Wenn wir unsere Endlichkeit in ihrer Unausweichlichkeit und Unvorhersehbarkeit als Abenteuer annehmen, bekommt unser Leben höheren Wert und neue Qualität. Wir werden tiefgründiger, fokussierter, konsequenter und engagierter in unseren Entscheidungen,

weil wir wissen, dass wir nicht unbegrenzt Zeit und Raum für unser Leben haben. Ein Abenteuer kann nicht einfach konsumiert werden; es muss gelebt werden. Wer schon mal ein richtiges Abenteuer bestanden und durchlebt hat, weiß, dass man in seinem Verlauf jeden Augenblick besonders intensiv wahrnimmt. Ein Abenteuer fordert uns voll und ganz heraus mit allem, was uns ausmacht, und wenn man sein Leben als Abenteuer sieht, dann kommt man gar nicht auf die Idee oder in die missliche Lage, sich über seinen langweiligen Alltag zu beschweren, weil dann selbst scheinbare Kleinigkeiten großes Entzücken auslösen.

Während ich hier sitze und schreibe, badet einer der Spatzen, die am Haus nisten, direkt vor mir im Vogelbad. Tropfnass und kaum noch in der Lage zu fliegen, hüpft er in den alten Rosenbusch gleich daneben und plustert sich seit ungefähr einer Viertelstunde trocken. Ich empfinde es als luxuriös, dies beobachten zu können, so nah dran sein zu dürfen an einem anderen kleinen Leben. Der ganze Garten steckt voller kleiner Wunder und Abenteuer. In ein paar Tagen wird der große Apfelbaum aufblühen, und die Pfingstrosen schieben sich als ganz unscheinbare Triebe aus der Erde; eigentlich ist es doch unvorstellbar, dass diese Stängel in ein paar Wochen die prächtigste und üppigste Blütenpracht hervorbringen werden. Die größten Abenteuer und Wunder liegen direkt vor der Haustür, und die bewusste Wahrnehmung der Natur schenkt uns Freude. Es ist eine Art Beruhigung für mich zu erleben, wie sich die Pflanzen jedes Jahr aufs Neue nach dem Winter wieder zu ungeheurer Fülle und Pracht entwickeln. Es beruhigt mich zu sehen, wie zum Beispiel die Pfingstrose nach dem Überdauern ihrer Wurzeln im Boden wieder aus ihrem Scheintod erwacht. Wie sie jedes Jahr üppiger wird und so verschwenderisch alle Herrlichkeit verschenkt, die sie in sich trägt – es bleibt gar nichts anderes übrig, als sie als ein Wunder zu betrachten. Und so kommen auch wir mit jedem Rückzug, mit jedem scheinbaren Tod in uns, dieser auch in uns steckenden Herrlichkeit immer näher.

Von Abenteuer und Wunder spricht auch Hubert Böke: „In meiner Jugend wurde mir irgendwann klar, dass aus meinem Kindertraum, Astronaut zu werden, nichts mehr werden würde. Damals hatte ich eine Fantasie: In der Ewigkeit wirst du durchs All fliegen, wirst der ‚Straße der Sterne' folgen und neue Welten entdecken. Vielleicht erübrigt sich mein Wunsch, weil ich heute ahne, dass es die Sternenstraße sein wird, die uns in Gottes Ewigkeit führen wird, und dass dort – am Ende des Regenbogens – Geheimnisse und Wunder auf uns warten, gegen die alle 1001 Weltraumabenteuer verblassen werden."

Hans Langner lässt sich gleich auf jedes Abenteuer ein, das ihm der Tod bietet: „Ich mache alles mit dem Tod. Pauschalreisen mache ich zum Glück nicht. Das Leben ist ein Abenteuer, und der Tod ist auch ein Abenteuer, wenn man sich mit ihm auseinandersetzt wie mit dem Leben. Schon meine Ausbildung zum Hospizhelfer war ein Abenteuer, und ich habe mich so viel mit dem Thema Tod beschäftigt, dass es den Tod von seinem Sockel geholt hat. Er ist normal geworden, er sitzt neben mir – gleichwertig. Und ich kann jedem nur ein Einführungswochenende für angehende Hospizhelfer empfehlen, denn wann beschäftigt man sich schon ein ganzes Wochenende mit dem Tod? Leider beschäftigt sich fast niemand ‚freiwillig' mit ihm, bevor er einen selbst bedroht oder einen Angehörigen holt. Dann ist es zu spät: Wenn der Mann an Krebs gestorben oder mit einem Herzinfarkt tot umgefallen ist, dann ist von heute auf morgen alles anders."

Meine Urlaube mit Sven waren immer Abenteuerreisen. Nur der Flug war geplant, sonst nichts. Für mich kann es nervlich sehr aufreibend sein, tagtäglich nicht zu wissen, wo man schläft. Für meinen Reisebegleiter war das alles spannend und mit der großen Freiheit gleichzusetzen. Für mich war es erst nach einigem Zähneknirschen dann letztendlich auch so. Es war ein Kampf mit meiner ängstlichen Bequemlichkeit, die so gerne immer wusste, was, wie, wo, wann. Man denkt, man ist gefeit vor Verletzungen,

Enttäuschungen und Schicksalsschlägen, wenn man nur vorsichtig genug ist und alles durchplant im Leben.

Ich glaube, unsere Reisen wären dem Tod zu anstrengend gewesen, und auf einer dieser Reisen zu sterben, immer weit weg von der Zivilisation, das wäre auch nicht mein Favorit. Deshalb nehme ich ihn mit auf eine meiner Bergtouren, meiner kleinen lokalen Abenteuer. Da könnte er mich dann holen, wenn ich dösend auf meiner Bergwiese liege. In dem Zustand würde ich es wahrscheinlich gar nicht merken, und – schwupp – wäre ich in unserem nächsten Zustand, wie auch immer der aussehen wird.

Ich hoffe, dass ich bis dahin meinen inneren Pauschalreisekatalog weggelegt und mich ganz den inneren Abenteuern gestellt habe, die noch auf mich warten. Unsere inneren Reisen zu uns selbst sind die abenteuerlichsten und spannendsten. Wir müssen nur mutig genug sein oder brauchen jemanden neben uns, der uns Mut schenkt für unser größtes Abenteuer: uns selbst zu begegnen und so anzunehmen und zu lieben, wie wir sind, mit allem Hellen und Dunklen in uns. Wir sollten uns ein wenig auskennen in uns selbst, um ein wenig Licht ins Dunkle zu bringen. Wir sollten unsere inneren Verstrickungen lösen und unseren Blick für das Wesentliche weiten und mehr Freiheit und Mut für Entscheidungen gewinnen. Es ist wie im Abenteuerurlaub: Wir wissen im Leben nie, wohin es uns treibt; vorausgesetzt, wir können uns noch treiben lassen, weil wir uns noch nicht – alles inklusive – festgezurrt haben und das Leben zur „Pauschalreise" machen.

MARGIT GRATZ antwortet: „Ich gehe sehr davon aus, dass der Tod ohnehin überall dabei ist. Ob ich will oder nicht." Dann haben wir gar keine Chance, ihm und seinen Auswirkungen im Leben zu entrinnen. Dann fahren wir am besten mit ihm und MARTIN KREUELS an einen Platz, wo wir uns gut mit ihm unterhalten können: „Wir würden wandern gehen in Schottland. Dort herrscht die notwendige Ruhe, um miteinander reden zu können. Hierzulande oder in Touristenzentren ist es zu laut, zu oberflächlich."

FRAGE

Stellen Sie sich vor,
der Tod wäre Ihr Freund.
Wie fühlt sich das an?
Was wäre er für ein Freund?

> He could be my friend ...
> only if I was a maniac serial killer.
> [Er könnte mein Freund sein –
> wenn ich denn ein verrückter Serienmörder wäre.]
>
> *Nando Parrado*

Die Erfahrungen in meiner Arbeit zeigen mir, dass der Tod alles relativiert: Er macht mir die Vergänglichkeit all jener Dinge und Angelegenheiten im Leben bewusst, die nach unseren Ansprüchen angeblich unbedingt, sofort, vollkommen, perfekt oder sonst wie sein müssen. Der Tod bringt uns dazu nur ein mitleidiges Lächeln entgegen. Und ich selbst lächle mich auch freundlich an und bin mir selbst ein Freund. Im Bewusstsein meiner Sterblichkeit kann ich mich mit überzogenen Erwartungen an andere oder an mich selbst versöhnen. Wenn der Tod mein Freund sein darf, dann darf auch das Unperfekte in meinem Leben seinen Platz haben und mit ihm die Begrenztheit dessen, was eben gerade möglich ist. Zugegeben: Wir sind sehr ungleiche Freunde.

WALTER KOHL sagt: „Er ist ein Freund, aber nicht im alltäglichen Sinne. Er ist ein Begleiter, der mir nichts Böses will, der mit und in mir ist. Irgendwann erledigt er dann seine Aufgabe." Wir sind zu wesensfremd, um in Freundschaft zu leben. Wir bringen ihm eher eine gewisse Ehrfurcht entgegen, denn er hilft uns beim

Wichtigsten und doch Schwierigsten im Leben: der Versöhnung mit uns selbst, die alles leichter macht: die Angst, das Leben, das Sterben und auch den Tod.

Udo Hahn würdigt den Tod nicht mit Freundschaft und hält lieber Distanz zu ihm: „Mich mit ihm anzufreunden, das kann ich mir nicht vorstellen. Wenn er kommt, will ich ihn höflich und respektvoll begrüßen."

Auch Wilhelm Schmid ist der Tod zu unvertraut für eine Freundschaft: „Er ist mir so fremd; als Freund kann ich ihn mir nicht vorstellen, beim besten Willen nicht."

Anders Anselm Bilgri: „Der Boandlkramer hat etwas Tölpelhaftes; so ist der Tod nicht. Er ist ein ernsthafter Freund, mit dem man sogar gelegentlich lachen kann, aber nur hin und wieder. Er ist jemand mit viel Erfahrung und erzählt mir aus seiner Weltkenntnis, aber ohne zu bevormunden. Ein Freund ist auch nicht immer da, aber wenn ich ihn brauche, steht er mir zur Seite. Ich würde den Tod nicht unbedingt bei mir in der Wohnung treffen wollen, aber mit ihm gepflegt zum Essen gehen oder mit ihm durch den Englischen Garten in München spazieren und tiefsinnige Gespräche führen."

Es gibt Menschen, bei denen man sich Mühe machen muss, um sie kennenzulernen. Bei ihnen findet man nichts Vordergründiges, was einen begeistert oder interessiert. Trotzdem haben sie etwas, was einen an ihnen dranbleiben lässt. So ist es auch beim Tod. Er ist nicht trendy, zeitgemäß, gesellschaftsfähig, schick und unterhaltsam – jedenfalls nicht auf den ersten Blick. Und doch ist es lohnend, sich näher mit ihm zu beschäftigen.

Der Tod scheint gnadenlos in seiner Endgültigkeit. Begegnet man ihm, dann nur gezwungenermaßen. Aber dann kommt eine jahrelang unterschwellig auf Hochtouren laufende Panik vor ihm endlich zum Stehen. Zuerst ist es ein Schock, sich mit ihm konfrontiert zu sehen, aber nach und nach breitet sich eine gewisse Ruhe aus. Der Lebensatem wird ruhiger und gleichmäßiger und lässt eine bessere Orientierung zu als das Kreuz und Quer von Angst und Panik. Vor dem Tod als Hintergrund bin ich komplett auf mich selbst gestellt und isoliert mit meinem Leben. Nichts wird mich tragen außer meiner inneren Haltung, meiner gelebten Liebe zum Leben, zum Gegenüber, zu mir. Erst in Krisenzeiten zeigt sich, welche Festigkeit unser Innerstes hat und welches Potenzial noch vorhanden ist. Freiwillig hätte ich seine Bekanntschaft in dieser Intensität nicht gemacht, nicht den Mut gefunden, mich ihm anzunähern, weil er alles verändert und mich aus meiner bequemen Welt und meinen Illusionen gezerrt hat.

Diese Veränderung, so positiv ich sie heute auch bewerten mag, hätte ich aus freien Stücken niemals zugelassen. Ich wollte mitschwimmen auf dem großen, breiten Fluss der inneren Bequemlichkeit, auf dem kein Platz ist für Innehalten und Nachdenken über die großen Fragen des Lebens. Eine Flut von kleinen Fragezeichen treibt uns weiter und hält uns in scheinbarer Bewegung: Welches Auto kaufe ich, wohin geht es in den nächsten Urlaub, wo finde ich einen jüngeren, schöneren Partner, was kann ich als Nächstes konsumieren …? Diese Themen lenken uns ab, vermehren sich immer stärker und treiben uns weiter weg von den eigentlichen Fragen.

MARGIT GRATZ schreibt dazu: „Der Tod als Freund ist ständiger Lebensbegleiter. Er erinnert täglich daran, was wichtig ist und was nicht. Er hilft dabei, die persönlichen Prioritäten richtig oder besser zu setzen. Insofern hat er das ganze Leben hindurch eine wichtige Aufgabe. Das Leben ist von Geburt an auf den Tod hin geordnet. Was würde es mir helfen, den Tod als Feind zu betrachten, den ich bekämpfen muss?"

Wir leben heute im Zeitalter der vielen Möglichkeiten; sie scheinen schier unendlich. Es kommt mir fast so vor, als würden uns die großen Lebensfragen mit den vielen kleinen Fragen, Themen und Angelegenheiten bombardieren, um uns zu ermüden und irgendwann an einen Punkt zu bringen, wo wir uns erschöpft in einen

Seitenarm des Lebensstroms treiben lassen. Dort, abgewandt vom Drängen der vielen lauten und schrillen Forderungen auf Erfüllung und Ausschöpfung all unserer Möglichkeiten, sollen wir uns den zentralen Fragen nach unserem Sinn im Leben stellen: Liebe ich ehrlich und genug oder konsumiere ich Liebe nur, um nicht allein zu sein? Versuche ich damit die Einsamkeit in mir zu betäuben? Was mache ich eigentlich auf der Welt? Lebe ich wirklich mein Leben oder übernehme ich aus Bequemlichkeit Vorgelebtes, Vorgegebenes, Vorgekautes und werde dadurch zur Gefangenen in der angeblichen großen Freiheit da draußen?

Wenn wir langsamer werden, können wir uns und das Leben besser beobachten und Änderungen vornehmen, uns neu justieren oder ganz neu ausrichten. Wir sehen dann natürlich auch Dinge in uns und um uns herum, die wir nur zu gerne kaschieren mit Konsum, Aktionismus oder anderen Ablenkungen, die wir uns ausdenken, um sie besser zu ertragen. Der Preis der Betäubung scheint erst einmal billiger als der Aufwand – auch der emotionale – für ernsthafte Veränderungen.

Ohne die brutale Konfrontation mit dem Thema Sterblichkeit hätte ich sicherlich noch einige Jährchen so oberflächlich dahingelebt wie gehabt und mir das selbst gut verkauft. Ich bin sehr phantasiebegabt, und Ablenkungen sind schnell gezaubert.

Im Gespräch mit meinem „besten Freund" habe ich Demut vor dem Leben gelernt. Da gibt es kein Aufplustern oder Polieren des eitlen Egos. Das ist gar nicht erst zu den Gesprächen eingeladen. Man steht dem Tod im Adamskostüm gegenüber ohne alle aufgeklebten Attribute. Alles bislang für wichtig Gehaltene wird sehr schnell sehr nebensächlich. Wer bin ich denn eigentlich so nackt, so ganz ohne Masken und Versteckspiel? Wer bin ich?

Der Tod ist ein blitzblank geputzter Spiegel, und vor ihm stehend sieht man in ihm nur die großen Fragezeichen; die kleinen wirft er gar nicht zurück. Mir hat er die wesentlichen Dinge in meinem Leben gezeigt, die grundsätzlich für uns wichtig sind.

Dafür heißt es seinen Blick auszuhalten. Ich muss meinen Blick auf mich aushalten können und den Tod in mir aushalten, den Wegfall meiner falsch gesetzten Prioritäten, meiner Illusionen. Es schmerzt, diese Verirrungen als solche zu erkennen und mit deren Hinfälligkeit vor dem Nichts zu stehen. Aber im selben Moment öffnet sich der Horizont für ein wunderbares Neugestalten, und dieses Gefühl möchte ich nicht mehr missen. Es gibt mir Stärke und Mut für mein Leben in der Außenwelt und auch in mir. Unsere vielen kleinen Tode erwecken in uns neues Leben und lassen das Leben, das wir haben, immer größer werden.

Wenn wir uns mit dem Tod anfreunden und ins Gespräch mit ihm kommen, begeben wir uns auf den Weg zu uns selbst und zum Gleichgewicht mit uns und dem Leben. Er macht uns Mut für Neues in uns selbst und im Außen. Er macht uns Mut für Entscheidungen und durch sie herbeigeführte innere Tode. Es ist eine typische Aufgabe für einen Freund, Mut zu machen, wo der eigene für einen Moment oder auf Dauer versagt.

HUBERT BÖKE wünscht sich keine Dauerfreundschaft, sondern eine kurze Begegnung: „Kein Freund für die Ewigkeit! Weil ich hoffe, dass er nur der Türöffner ist. Jetzt, mitten im Leben, mag ich ihn mir nicht als Freund vorstellen. Eher bitte ich Gott, dass sein ‚dunkler Engel' mir in meiner letzten Stunde nicht als Feind begegnet, dass Gott den Tod ‚am Ende' freundlich zu mir sein lässt. In der Nacht kommen mir immer wieder einmal Gedanken an den Tod – bedrohliche Gedanken, weil ich ihm in dieser meiner Lebenszeit wenig Gutes abgewinnen kann. Das wird in einer späteren Zeit meines Lebens ganz anders sein: wenn das Leben mehr Mühe ist als schön, wenn es eng wird und mir die Luft ausgeht. Oft genug habe ich neben dem schweren Sterben auch das andere miterleben dürfen: wie gnädig der Tod in der Stunde des Abschieds zu sein vermag." Darauf sollten wir alle unsere Hoffnung richten: Dass der Tod in der letzten Stunde gnädig sein wird und uns mutig sein lässt.

Freundschaft

Sei gegen deine Freunde,
ob sie Glück oder Unglück haben,
immer derselbe.
 Periander (einer der Sieben Weisen; † 583 v. Chr.)

Freundschaften sind in ihrer Anzahl und Qualität dem laufenden Wandel des Lebens unterworfen. Das kennen wir alle. Menschen loslassen zu müssen fällt uns nicht leicht, aber in normalen Zeiten haben wir gelernt, es zu akzeptieren. Anders sieht das in Zeiten großer Belastung aus, wie etwa bei schwerer chronischer Krankheit oder in anderen Krisen.
Es gibt enge Freundschaften und lockere in allen Abstufungen bis zum weitesten Bekanntenkreis. Enge Freunde teilen sehr vieles mit uns: Sorgen, Ängste, Spaß und Freude, vielleicht manches Geheimnis. Sie fördern und fordern uns in unserem Wachstum als Mensch. Wir fühlen uns geborgen und geschätzt, und es ist wunderbar, neben einem Lebenspartner auch noch diese Menschen um sich zu haben, die unser volles Vertrauen haben, deren Vertrauen wir genießen und mit denen wir in naher Beziehung leben dürfen. Dieser zentrale Kern von Freundschaft, so hoffen wir, soll unverwundbar sein. Das ist unser sehnlichster Wunsch, denn in der Freundschaft fühlen wir uns in unserer Ganzheit gesehen. Wir brauchen enge und nahe Beziehungen für unser Seelenheil.
Nicht nur für die Betroffenen sind Schicksalsschläge und Zeiten von Krankheit und Sterben schwer zu ertragen. Je näher uns die Freunde stehen, desto schwerer ist es auch für sie, mit diesen schmerzlichen Dingen konfrontiert zu werden.
Mein verstorbener Mann und ich hatten einen umfangreichen Freundeskreis. Während seiner Krankheit wurde uns klar, dass er

abbröckeln würde, dass die lockeren Freund- und Bekanntschaften nicht halten würden. Sie würden sich mit der Zeit verflüchtigen. Wir waren durchaus gefasst auf diese Veränderung, aber alle Theorie schützte uns nicht vor dem Schmerz dieses Verlusts. Ich fand es damals unglaublich gemein vom Leben, dass wir uns ständig mit Verlust beschäftigen mussten. Unser Lebensentwurf, unsere Wünsche und Pläne, unsere so hübsch ausgedachte gemeinsame Zukunft – all das rann uns nur so durch die Finger. Konnten da nicht wenigstens unsere Freunde beständig bleiben?

Nein, das konnten sie natürlich nicht. Wir waren damals alle im besten Alter, in den besten Jahren für Karriere und Familie, und beides hatte in seiner üblichen Form wegen der Krankheit meines Mannes bei uns keinen Platz mehr. Wir waren vollauf damit beschäftigt, den Status quo zu halten, und hatten gar keinen Platz in unseren Gedanken für große äußere Entwicklungen.

Angst vertreibt Freunde

Und unsere Freunde hatten Angst, genau damit in Berührung zu kommen, mit der Vergänglichkeit auch ihrer eigenen Lebensträume und Zukunftswünsche. In diesem Alter ist man nicht krank und denkt nicht ans Sterben, in diesem Alter macht man Karriere und gründet eine Familie. Sie mussten sich vor uns schützen und wir uns vor ihnen. Wir konnten all ihren Plänen nicht mehr folgen: Hausbau, Karriere, Kinder… Und unsere Freunde konnten keinen Klinikgeruch mehr ertragen. Wir waren plötzlich in verschiedenen Welten zu Hause, und gemeinsam war uns nur noch die Angst vor der Endlichkeit. Sie hatten Angst vor jeder Bedrohung ihres schönen Familien- und Berufslebens, und wir beide mussten uns damit einrichten, dass unsere Lebensentwürfe endgültig gestorben waren, dass wir sie einfach nicht mehr leben durften.

Die Krankheit meines Mannes dauerte über Jahre und stürzte uns in viele Extremsituationen, die wir selbst kaum ausgehalten haben.

Wie sollten da unsere Freunde noch mitziehen? Wir waren ja selbst schlicht am Rand des Möglichen, am Rand des Aushaltbaren angelangt. Damit meine ich nicht so sehr die äußeren Umstände, sondern die Angst vor Krankheit und Tod. Das gilt für den Betroffenen selbst, aber auch für seine Familie und die Freunde.

Verständnis schlägt Brücken

Wenn ich heute in meiner Praxis zu dieser Problematik um Rat gebeten werde, appelliere ich an beide Seiten für den Versuch, das Gegenüber in seiner jeweiligen Lage zu verstehen. Denn die Nerven liegen blank, wenn zu dem Verlust von geplantem Leben noch das Gefühl von Verrat und Ausgrenzung hinzukommt, weil Freunde sich abwenden. Ich versuche unter Mithilfe meiner Klienten Einblick zu bekommen in das Leben ihrer Freunde. Wir stellen uns dann gemeinsam vor die beiden unterschiedlichen Lebenslagen und versuchen uns in diese hineinzuversetzen.

Wir sehen uns die Ängste an, die diese Situationen jeweils mit sich bringen. Unsere Lebensentwürfe sind bis an die Grenzen des Möglichen kalkuliert, und da ist es mehr als verständlich, dass jemand in Panik gerät, wenn er sieht, wie schnell Krankheit und Verlust über unser Leben hereinbrechen können. Wir glauben gerne, es gäbe diese Gefahr gar nicht, wenn wir nur unseren Blick von den Kranken und Sterbenden abwenden, denn es kommt dann ja einfach nicht vor in unserer Welt.

Wenn ich mir als Betroffener oder dessen Partner meine Position vor Augen halte und die des Freundes, dann kann ich verstehen, dass in Krisenzeiten oft eine Trennung von Freunden unvermeidbar ist – zumindest für eine Weile. Oft kommt es nach einer gewissen Phase der Distanz zu einer neuen Annäherung, und wir bekommen eine zweite Chance, uns zu begegnen.

Die Betrachtung der unterschiedlichen Lebenssituationen bedeutet nicht, dass wir nicht mehr verletzt sind und uns der Verlust von Stabilität und Vertrautheit nichts mehr ausmacht. Aber wir können verstehen. Unser Verstand sieht, erkennt, kann nachvollziehen. Unsere Emotionen hinken diesem Verstehen oft hinterher. Erst wenn der eigene Schmerz halbwegs verwunden ist, wenn wir Platz, Zeit und Ruhe finden, uns unseren Gefühlen zu stellen, dann können wir uns versöhnen mit den Verlusten, den Trennungen, den Ängsten, die diese Extremsituationen für uns alle mit sich bringen; den eigenen und denen der anderen.

Das braucht Zeit – mal mehr, mal weniger. All die vermeintlichen Sicherheiten werden zu Unsicherheiten. Wir lernen, dass es keine Sicherheit gibt, auch nicht für Freundschaften. Aber es gibt wunderbare Menschen, die mit uns jeden Weg gehen werden, die bleiben, wiederkommen oder sich neu einreihen.

Wir können nur eines tun: den Schmerz an uns heranlassen und dadurch empfindungsfähig bleiben. Nur so bleiben wir offen für unsere Gefühle und für neue Begegnungen. Wir, die Betroffenen, flüchten vor den Gefühlen, die unser Schicksal in uns hervorruft, genauso wie unsere Freunde. Wir haben alle Angst davor, und genau diese Gemeinsamkeit kann uns wieder versöhnlich stimmen. Versöhnung beginnt mit dem Verstehen meiner selbst und meines Gegenübers.

Heute verstehe ich unsere und meine Reaktionen und die einiger unserer Freunde. Ich bin mit ihnen einen guten Teil meines Weges gegangen, und ohne ihre Begleitung wäre ich jetzt nicht die, die ich bin. Sie haben einen großen Anteil an meinem Wachstum und meiner Entwicklung, und sie haben einen Platz in meinem Herzen.

Versöhnen wir uns mit unseren eigenen Ängsten und deren Ausdrucksformen wie Aggression, Rückzug, emotionaler Unnahbarkeit, so können wir auch unseren Freunden ihre Angst verzeihen. Dadurch öffnen sich vielleicht lange verschlossene Türen wieder. Auf jeden Fall können wir so vergangenen Freundschaften einen Platz in unserem Herzen anbieten.

FRAGE

Motiviert Sie die Gewissheit Ihrer Sterblichkeit zu einem bewussteren Leben?

„Sie ist nicht nur der Motor, sondern vor allem das sinnstiftende Moment in der Abfolge Leben–Tod. Denn ein die Grenzen sprengendes Bewusstsein erreiche ich nur, wenn ich die Endlichkeit, die Vergänglichkeit allen Seins erkenne und akzeptiere. ‚Denken heißt überschreiten‘, sagt der Philosoph Ernst Bloch, und genau das geschieht, wenn ich Vergänglichkeit und Endlichkeit als Grenze des Lebens denke. Ich kann gar nicht anders, als das Dahinterliegende automatisch mitzudenken. Das heißt aber, dass es jenseits der Grenze etwas geben muss. Was dieses ist, darüber streiten die Religionen."

Hans Meiser

Was ist da wohl jenseits, hinter der möglicherweise letzten Grenze, die wir mit unserem Tod überschreiten? HUBERT BÖKE schreibt aus seinem Glauben heraus dazu dies: „Dass dieses Leben endlich ist, das ist für mich eher eine Entlastung. Ich kann mir sagen, dass es in diesem Leben nicht darauf ankommt, alles zu schaffen und hinzukriegen, dass dieses Leben nicht alles ist und ich das Leben nicht ausschöpfen muss auf Biegen und Brechen.

Der lutherische Theologe und Widerstandskämpfer Dietrich Bonhoeffer (1906–1945) hat die Verantwortung für das Diesseits in letzter Konsequenz gelebt. Er sagte, dass alles, was wir auf dieser Erde tun und lassen, nur ‚Vorletztes‘ ist – kostbar und von höchstem Wert, im Guten ‚gottgewollt‘. Dieses unser Leben und Tun aber ist nicht das ‚Letzte‘. Als er sich im April 1945 vom Kreis seiner Mitgefangenen verabschiedet und weiß, dass er zu seiner Hinrichtung geführt wird, sagt er: ‚Das ist das Ende. Für mich der Beginn des Lebens.' Dass alles, was wir tun, was uns widerfährt und was wir erleben, durchleiden und genießen, immer nur das „Vorletzte" ist, diese Vorstellung macht uns wirklich frei. Dass mein Leben keine Zitrone ist, die ich bis zum letzten Tropfen auspressen muss, das gefällt mir. Ich empfinde es als Gnade."

Ist es genau das, was uns die bewusste Endlichkeit schenkt? Dass wir das Leben nicht wie eine Zitrone ausquetschen müssen, weil mit dem Bewusstsein unserer Sterblichkeit ein viel intensiveres Erleben einhergeht und diese Qualität die sonst überall geforderte Quantität aussticht? Haben wir in ihr einen Motor für ein bewussteres Leben? WILHELM SCHMID antwortet: „Ja. Wobei ich nicht glaube, dass das Leben endlich ist. Nur das körperliche Leben. Nicht das Leben der Energie, die den Körper belebt und trägt."

Auch HANS LANGNER antwortet mit einem überzeugten Ja auf diese Frage: „Ja. Absolut. Also ich versuche immer so zu leben, als ob jeder Tag der letzte ist. Erst aufgrund der Auseinandersetzung mit meinen Krankheiten bin ich den Weg der Bewusstwerdung gegangen. Insofern stimmt es, Krankheit als Chance oder als Weg zu erkennen. Man lernt sehr wenige Leute kennen, die sich mit dem Thema beschäftigen; aber die Leute, die es tun, wirken aus meiner Sicht ruhiger, versöhnter, gelassener und angstfreier."

ANDREAS SCZYGIOL erinnert seine Sterblichkeit an seinen ganz eigenen Sinn im Leben: „Ja. Definitiv. Es entsteht bei mir wirklich dieser Gedanke: Ich möchte diese Zeit, die ich habe, sinnvoll gelebt haben in einer ganz egozentrischen Definition von Sinn, also nicht nach globalen Werten, sondern so, dass ich für mich sagen kann: Es hat einen Sinn gehabt."

Die lange Krankheit meines Mannes hat uns beide eine neue Intensität lernen und leben lassen. Nach dem ersten Erkennen und Spüren dieser Bedrohung war alles im Begriff sich zu verändern.

Gefühle wurden intensiver – positive wie negative. Es schien, als würden wir getestet wie ein Motor auf dem Prüfstand, bei dem man misst, zu welcher Leistung er fähig ist. Wir mussten lernen, uns zu reduzieren, innen wie außen, und in unserem Leben auf die Suche gehen nach Dingen, die uns wichtig waren und sinnvoll erschienen. Alles andere sortierten wir aus.

Wenn der Tod wirklich ganz real neben oder vor einem steht, gilt es erst einmal innezuhalten. Die Situation zwingt einen geradezu, sich seine Kräfte genau anzusehen und sie auf das für einen selbst Machbare und Wichtige zu konzentrieren. Was kann ich leben von meinem alten Leben und was darf ich sonst noch leben? Wovon muss ich mich verabschieden? Seinen Lebensentwurf muss man immer wieder an die veränderte Realität anpassen.

Im Vergleich zu Gleichaltrigen lebten Sven und ich sehr reduziert. Familiengründung, Hausbau, Karriere und was sonst in dem Alter zwischen Ende zwanzig und Ende dreißig im Allgemeinen dazugehört, hatten bei uns keinen Platz. Das erscheint nur auf den ersten Blick und im Vergleich traurig oder bedauernswert. Die verschiedensten Zwänge hielten uns immer wieder dazu an, uns und unser Leben zu entrümpeln. Viel blieb nicht übrig – wiederum im Vergleich gesehen; aber wir empfanden das nicht so. Unser Leben war nicht weniger spannend und aufregend als das unserer Freunde. Im Gegenteil: Ein großer Teil der für die Partnerschaft oft so destruktiven Alltagsroutine fand gar nicht statt.

Die unmittelbare Aussicht auf das baldige Ende färbt vieles versöhnlicher ein. Ich weiß nicht, wo ich jetzt grundsätzlich in meinem Leben wäre, hätte ich die Endlichkeit nicht so nah bei mir gehabt. Nach dem Tod meines Mannes dachte ich, ich würde nun für alle Zeiten erhaben über dem Alltäglichen stehen: keine Alltagsallüren, keine Missverständnisse aus Unaufmerksamkeit, kein Streit über Nichtigkeiten ... von Eitelkeit ganz zu schweigen. Aber natürlich und Gott sei Dank hat mich das Leben in dieser Form doch wieder eingeholt. Diese Art von Alltag finde ich auch notwendig. Sie erzeugt eine gewisse Reibung in mir, eine gewisse Energie, die notwendig ist für das persönliche Wachstum.

Kurz nach Svens Tod wurde eine Freundin von uns schwer krank und lag auf der Intensivstation. Ich wollte sie besuchen, zögerte aber und schob diesen Besuch immer wieder hinaus. Ihr ernster Gesundheitszustand ließ aber nicht viel Zeit. Ich musste mich also entscheiden: Besuch – ja oder nein? Mir drehte sich der Magen um schon allein beim Gedanken an den Geruch von Krankenhaus und Intensivstation. „Unsere" Zeit in der Intensivstation war noch kein Jahr her, und ich hatte schrecklich Angst davor, alledem noch einmal zu begegnen. Aber der Zustand meiner Freundin wurde immer kritischer, und dann erzählte ich meinem Vater davon. „Du musst immer dorthin gehen, wo die Angst ist", war seine weise Empfehlung für mich.

Ich entschloss mich, es zu versuchen, und fuhr in die Klinik. An der Schleuse zur Intensivstation blieb ich stehen und schaute einigen Besuchern beim Reingehen und Rauskommen zu. Es war ein Gefühl des Unwirklichen, vieles strömte mir durch den Kopf, ich schwitzte, mir war schwindlig. Ich zweifelte an mir: Was habe ich alles durchgestanden, und jetzt kann ich noch nicht einmal durch diese Tür gehen? An das bewusste Hineingehen kann ich mich tatsächlich nicht erinnern. Ich saß plötzlich bei meiner Freundin am Bett. Sie lag im Koma und sah mich Gott sei Dank nicht in meinem Zustand. Es dauerte ein Weilchen, bis ich mich beruhigt und erkannt hatte, dass dies eine andere Situation war als damals und dass ich beides für mich trennen musste.

Intensivstationen sind bis heute nicht gerade Vergnügungsstätten für mich, aber ich kann meine Gefühle zulassen. Sie stauen sich nicht mehr durch ein Vermeiden an, sondern ich lasse sie zu, ohne sie zu bewerten und zu beurteilen und ohne mich selbst dabei zu bewerten. Es ist völlig in Ordnung, wenn mir die damaligen Szenen in den Sinn kommen und die entsprechenden Gefühle wieder auftauchen. Jeder an meiner Stelle würde mit meinen

Erlebnissen dort unangenehme Erinnerungen verbinden. Ich kann sie akzeptieren und aushalten. Aber jetzt ist eine andere Zeit, und ich kann immer noch weiterlernen, besser damit umzugehen. Durch Akzeptieren, Zulassen und Aushalten machen wir Platz für neue Erfahrungen: Altes wird durch Neues ersetzt und ergänzt. Es wäre tödlich, für immer hängen zu bleiben in seiner Enttäuschung, seiner Wut, seiner Angst. Das heißt nicht, diese Emotionen nicht zuzulassen, aber möglichst „aufgeräumt" zu sein in sich. Ein bewusstes Leben mit allem, was uns ausmacht, ist nur ohne langfristiges Verstecken und Verdrängen möglich.

W‍ALTER K‍OHL schreibt, er möchte das Gefühl haben zu leben und nicht etwa sich gängeln lassen, wovon auch immer: „Carpe diem. Mein Thema heißt: Leben oder gelebt werden, also Lebensgestaltung. Erst durch die Endlichkeit des Lebens wird Leben bewusst, erhält es einen Wert. Leider sind wir Menschen so veranlagt, dass wir das, was nichts kostet, nicht genügend wertschätzen. An dieser Stelle hilft uns der Tod, denn er erinnert uns daran, wie wertvoll das Leben ist, das wir jeden Tag schätzen sollen. Erst der Tod gibt der Zeit ihren Wert."

Sichtweise

Der größte Hemmschuh
für unser persönliches Wohlbefinden...
ist unsere hartnäckige Neigung
zu destruktiven und quälenden Gefühlen.

Tendzin Gyatsho (14. Dalai Lama; *1935)
in seinem Buch *Rückkehr zur Menschlichkeit*

Vieles in einer existenziellen Krise ist derart schmerzhaft und verletzend, dass wir als direkt oder indirekt Betroffene das Gefühl haben, vom Leben verschluckt zu werden und nicht mehr handlungsfähig zu sein. Psychologische Studien haben gezeigt, dass destruktive Gefühle wie Verzweiflung, Wut, übermäßige Traurigkeit oder Angst unsere Sichtweise sehr einengen und uns nachhaltig schwächen. Genau dann, wenn wir mit unserer Bedrängnis umgehen müssen und auf tragfähige Entscheidungen angewiesen sind, haben diese destruktiven Emotionen die Tendenz, unseren Denk- und Handlungsspielraum einzuengen und die Realität zu verzerren. Wir sehen dann nur noch das Schlimme und Schmerzhafte; ein zwanghaftes Katastrophendenken stellt sich ein.
Wenn wir nun unsere Perspektive erweitern und unvoreingenommen aus der Situation heraustreten, die unsere negativen Gefühle verursacht, so werden wir sehen, dass auch jede Krise und Bedrohung nicht nur ihre offenkundige negative Seite hat. In seinem Buch *Wie wollen wir leben?* schreibt Peter Bieri dazu: „Wenn wir wissen möchten, was genau das Gefühl ist, das wir einer Person oder einem Ereignis entgegenbringen, so geht es darum, die Empfindungen aus der Situation und ihrer Geschichte heraus zu verstehen." Wenn ich verstehen will, warum mein Gegenüber dies oder jenes tut dann muss ich seine Perspektive einnehmen. Dann

werde ich sein Handeln, seine Gefühle, seine Situation verstehen und mich in manchem wiedererkennen können.

Wenn wir unsere Unwissenheit auflösen, die um uns selbst und die um unser Gegenüber, wenn wir also unsere „aktive Fehlwahrnehmung" auflösen, wie der Dalai Lama sie in einem Buch nennt, nehmen wir eine größere Perspektive ein, vergrößern unser Wissen und sehen die Dinge nicht mehr so, wie sie zu sein scheinen, sondern erkennen, wie sie wirklich sind. So können wir uns immer weiter von unseren negativen Emotionen entfernen, weil sich mit unserem Wissen gleichzeitig die Perspektive für Situationen weitet und umgekehrt der größere Blickwinkel unser Wissen erweitert.

Forschungen haben ergeben, dass dieser Perspektivenwechsel, die erweiterte realistische Wahrnehmung, das Betrachten der Situation aus verschiedenen Standpunkten, stark zur Entwicklung von positiven Emotionen beiträgt.

In der erweiterten Perspektive nehme ich wahr, worin das Leben besteht und woraus ich bestehe: Positives wie Negatives. So ist es nicht mehr möglich, sich nur noch auf das Schlechte zu konzentrieren oder ausschließlich dieses zu empfinden. Es hört sich eigentlich sehr einfach an, und es ist auch einfach, aber wie so oft ist das Einfachste vertrackterweise zugleich das Schwerste. Die offene und weite Sichtweise der Dinge bedarf eines täglichen Trainings, weil wir in Situationen, die uns überfordern, sehr dazu neigen, unser Sichtfeld einzuschränken. Wir hoffen, uns mit einer beschränkten Wahrnehmung besser zu fühlen, wir glauben mit Scheuklappen weniger Gefahren über den Weg zu laufen; aber das Gegenteil ist der Fall. Die erweiterte Perspektive lässt auch in existenziell bedrohlichen Situationen manches Positive hervorblitzen.

Positive Emotionen erfordern Resilienz; so nennt die Psychologie die Kraft, die es Menschen ermöglicht, schlimme Situationen unbeschadet zu überstehen und sogar gestärkt daraus hervorzugehen. Sie ist die Fähigkeit, bedrohliche Erfahrungen umzubewerten und gewinnbringend ins Dasein zu integrieren, die Situation im

Außen und in einem selbst umfassend zu betrachten und wachstumsfördernde und zukunftsfähige Schnittmengen zu finden.
Dies ist genau der Unterschied zum positiven Denken, welches reine Rhetorik ist – ein Smiley-Aufkleber auf einer Realität, die man nicht sehen will. Positives Denken hilft in schwierigen Zeiten rein gar nichts. Leichthin soll man sich einreden: „Alles wird gut werden." Aber darunter brodelt die Angst, oder andere negative Emotionen nagen munter weiter. In manchen Momenten finde ich es legitim, auf diese Art zu denken, wenn wir nämlich zu müde sind, um die erweiterte Sichtweise einzunehmen. Es ist schließlich anstrengend, die Situation so frei zu betrachten, und es ist nur menschlich, sich manchmal seinen negativen Emotionen hinzugeben und eben mal traurig und wütend zu sein. Sich als Opfer zu fühlen, als Opfer des Lebens oder der Situation, ist ja wesentlich bequemer als das oftmals so unbequeme verantwortungsvolle und bewusste Handeln. Ein lebensbejahendes, optimistisches, freies und verantwortungsvolles Handeln ist aber langfristig aus einer Opferhaltung heraus nicht möglich. Wenn Sie aber nur zwischendurch die Fassung und Haltung verlieren und dann wieder zu sich finden, können Sie vielleicht dabei eine Steigerung Ihrer Stärke erleben und darüber glücklich sein.
Nach einem meiner Vorträge kam eine Frau auf mich zu und fragte mich, wie ich nur das Sterben so positiv sehen könnte. Sterben sei doch das Schlimmste, was einem passieren kann, und sie hätte noch nie solche Erfahrungen gemacht, wie ich sie berichte. Ich antwortete ihr, dass ich das Sterben für sich genommen auch nicht positiv sehen kann. Wenn ich mich auf das Sterben an sich konzentriere, bleibt mir fast nichts anderes übrig, als es negativ zu sehen, denn es ist nun mal nichts Gutes daran zu sterben. Aber ich wollte mich während Svens Leidensweg nie nur auf die negativen Dinge konzentrieren. Was wäre das für ein Leben gewesen und was für ein Sterben für Sven. Auch wir wollten leben und hatten den direkt drohenden Tod immer im Blick, mal mehr, mal weniger.

Aber wir hatten ihn nie langfristig als Einziges im Fokus, selbst in den letzten Wochen nicht. In unsere Perspektive gehörte alles: Leben und Sterben, Positives wie Negatives, denn beides ergänzt einander. Wir konnten das oft nicht beide gleichzeitig so sehen, aber einer von uns hatte hierfür immer den Blick.

Der Tod ist die große Unbekannte. Er verlangt von uns das erste und einzige Mal in unserem überkontrollierten Leben, alles und jedes loszulassen. Wir wissen nicht, wie es sein wird, wenn wir sterben, und genau diese Unsicherheit und die daraus resultierende Angst schränken unsere Sicht ein: Sterben muss einfach schrecklich sein, weil es uns alles nimmt, was wir sind und haben.

Ohne Vergänglichkeit kein Leben

Seine Perspektive zu erweitern bedeutet fundamental anzuerkennen, dass Wandel und Vergänglichkeit nicht aufzuhalten und ein Teil unseres Menschseins sind, biologisch gesehen sogar dessen unabdingbare Voraussetzung. Des Weiteren besteht das Leben nicht nur aus Sterben. Die meiste Zeit dürfen wir uns des Lebens erfreuen, und auch das Sterben ist ein Aspekt des Lebens. In der Vorbereitung darauf ergeben sich oft wunderbare Begegnungen von Mensch zu Mensch, und auf Beziehungsebene finden Reifeprozesse auf beiden Seiten statt. Vieles wird durch die auf einmal sehr nah gerückte Finalität intensiviert.

Über all die harten Jahre hinweg fanden wir immer wieder Möglichkeiten, trotz aller widrigen Umstände wirklich zu leben. Es war und ist eine unglaublich stärkende Erfahrung, sich trotz der teilweise übelsten Umstände seines Lebens erfreuen zu können, sich trotz der Bedrohung, die über allem und jedem in dieser Zeit schwebt, die positiven Emotionen nicht rauben zu lassen. Denn darüber entscheidet man immer noch selbst, was man auf Dauer sehen will: Illusion oder Realität. Worauf wir uns konzentrieren, ist unsere eigene Entscheidung und Verantwortung.

Ich kann mich kaum deutlich genug vom rein rhetorischen Optimismus abgrenzen, der uns wie das positive Denken oft als Patentrezept empfohlen wird. Beides ist langfristig nicht von Nutzen, sondern hinterlässt Schuldgefühle und Frustration, weil es keinen Mut zum Handeln macht, keine Möglichkeiten aufzeigt, sondern nur eine emotionale, noch dazu trügerische Notversorgung ist. Eine Stelle bei Dietrich Bonhoeffer fällt mir dazu ein; seine Definition von Optimismus hilft mir hier weiter: „Optimismus ist in seinem Wesen keine Ansicht über die gegenwärtige Situation, sondern er ist eine Lebenskraft, eine Kraft der Hoffnung, wo andere resignieren, eine Kraft, den Kopf hochzuhalten, wenn alles fehlzuschlagen scheint, eine Kraft, Rückschläge zu ertragen, eine Kraft, die die Zukunft niemals dem Gegner überlässt, sondern sie für sich in Anspruch nimmt."

Ich glaube, es ist mit das Wichtigste, dass man Herausforderungen annimmt und an seinem Willen zu innerem Wachstum festhält. Durch den Schmerz, der dabei entsteht, dürfen wir uns nicht davon abhalten lassen, die Kraft in uns freizulegen und zu spüren. Diese Ressourcen ermöglichen uns einen guten Kampf und beinhalten gleichzeitig die Demut, mit der wir erkennen, wann der Rahmen unserer Möglichkeiten erschöpft ist und wir uns dem Schicksal unterwerfen müssen.

Nach einer der vielen Operationen meines Mannes war wieder einmal klar, dass man seinen Tumor auch jetzt nicht in den Griff hatte bekommen können. Da sagte ein Freund, der sich sehr aktiv in der Esoterikszene bewegte, mein Mann hätte diesen Tumor nur, weil er „falsch denken" würde. Mit positivem Denken würde auch der Tumor verschwinden und wäre gar nicht erst entstanden. Was fange ich mit solch einer Aussage an? Abgesehen davon, dass sie respektlos und anmaßend gegenüber demjenigen ist, der diesen Tumor im Kopf hat, zeugt sie von einer sehr beschränkten Sichtweise. Jemandem, dessen Perspektive weit und offen ist, würde so etwas Pauschales und Oberflächliches niemals über die Lippen kommen. Wir bestehen aus mehr als nur Denken, und Krankheiten haben die unterschiedlichsten Ursachen. Kein Mensch weiß, weswegen unter vergleichbaren Umständen gerade der eine Krebs bekommt und der andere nicht.

Die erweiterte Perspektive, von der ich spreche, macht mir mich selbst als Menschen bewusst und zeigt mir das übergeordnete Phänomen Leben an sich. Beides muss ich in Einklang bringen und, ob ich will oder nicht, die Lebensgesetzlichkeiten akzeptieren. In der großen Perspektive ist alles vorhanden, und eine gewisse Portion Nüchternheit in der Betrachtung erleichtert vieles. Krankheit und Sterben sucht sich niemand freiwillig aus, aber beides gehört nun einmal zu unserer Existenz und ist daher schlicht zu akzeptieren. Konzentrieren wir uns also lieber gleich auf das Wie: Wie können wir konstruktiv mit diesen existenziellen Bestandteilen des Lebens umgehen?

Das Thema Tod nicht verdrängen

Noch hat unsere Gesellschaft keine großen Fortschritte gemacht in dem Bemühen, jedem ein gutes und würdiges Sterben zu ermöglichen. Wir fürchten uns davor, unser Sterben könnte schrecklich werden, denken aber gerne ganz kindisch: Es betrifft ja nur die anderen, und es wird schon welche darunter geben, die sich für menschenwürdige Rahmenbedingungen einsetzen.

Aber wir sind doch erwachsene, mündige Menschen und wissen es längst besser: Jeder von uns ist mitverantwortlich für sein Sterben oder zumindest seine Bewusstheit darüber. Wir müssen unsere Perspektive weiten, unser Wissen vergrößern, ein Gefühl für diese Thematik bekommen und uns vorbereiten. Auch auf diesem Weg sind Dinge zu entdecken, für die wir dankbar sein können und aus denen ein kraftvolles Handeln folgen kann. Und eine weite Perspektive tut nicht nur unserer Thematik hier gut, sie ist für alle Aspekte in unserem Leben nützlich.

FRAGE

Welchen letzten Drink für Sie und den Tod darf der Barkeeper hinstellen?

„Sex on the Beach. Wünsche ich mir schon lange."
Wilhelm Schmid

Bilgri, Schmid, Sczygiol und Tretner: Wir alle beschäftigen uns schon von Berufs wegen mit dem Tod, und alle vier wählen wir, wie Sie gleich sehen werden, etwas Hochprozentiges! Das gibt doch sehr zu denken, meine Herren.
Vielleicht brauchen gerade wir als Profis in Sachen Tod etwas mit Wirkung – wie ANDREAS SCZYGIOL, der dazu antwortet: „Das Gute ist: Ich muss danach nicht mehr fahren! Ich kann mir schon vorstellen, dass ich etwas Hochprozentiges bräuchte, um mir ein bisschen Mut anzutrinken. Das wäre wahrscheinlich schon nötig. Ich glaube, in dem Moment würde ich zum Barkeeper sagen, er soll mir einfach irgendwas geben, was definitiv Alkohol enthält, und dazu würde ich vielleicht noch etwas probieren, was ich bis dahin noch nicht gekostet habe. Wenn ich in dem Moment genug Humor aufbringen würde, könnte ich vielleicht den Tod fragen, ob er mir etwas empfehlen kann aus seiner Erfahrung heraus, was die beste Wirkung hat."
Ich selbst würde mir einen großen Southern Comfort Sour bestellen, dazu einen Zigarillo. Beides möchte ich in einem Ledersessel am prasselnden Kaminfeuer genießen – noch einmal so richtig feudal am Schluss. Der Tod und ich sitzen beide vor dem Feuer und sprechen nicht, weil es nichts mehr zu sagen gibt. Ich habe ihn schließlich mein halbes Leben lang „besprochen". Jetzt hat er

Ruhe verdient, und wir konzentrieren uns auf das, was kommt: Ich muss mitgehen, ob ich will oder nicht.

Anselm Bilgri bestellt sich etwas Hartes: „Nachdem ich gerne einen Schluck Whiskey nehme, bevor ich ins Bett gehe, würde ich den auch an der Bar bestellen. Pur, ohne Eis, ohne Wasser, aber ein guter Tropfen muss es sein. Keinen Scotch, keinen Bourbon, auch nicht diese ganz rassigen, eher etwas Mildes." Ab und an mache ich es wie Anselm Bilgri und setze mich abends, bevor ich ins Bett gehe, zu einem Nightcap vor meinen Kamin. Dann lasse ich den Tag Revue passieren – oder auch mein Leben – und denke nach. Wie wäre es wohl, wenn ich morgen nicht mehr aufwachen würde? Gibt es etwas, das ich ändern muss oder will? Ich genieße den Blick auf die schönen Dinge, die mich umgeben, und manchmal verabschiede ich mich schon leise von ihnen. Es ist ein ganz eigentümlicher Genuss, mir vorzustellen, das letzte Mal hier zu sitzen, das Feuer zu sehen, mein Zuhause spüren zu dürfen ... diese Bewusstheit, dass dies alles zu Ende gehen wird – irgendwann.

Sämtliche Verantwortung, jeglicher Wille, alle Selbstbestimmung, Denk- und Verhaltensweisen, Eigenschaften und Vorstellungen, all dieses irdische Gepäck wird von mir abfallen. Endgültig. Alle Illusion schrumpft zu einem endgültigen Nichts zusammen, alles scheinbar Machbare erschöpft sich. Alles Diesseitige werde ich verlassen und mich in etwas anderes hineinbegeben: in einen Zustand, von dem ich nichts weiß. Ein doppelter Drink tut dabei, glaube ich, ganz gut – etwas Hochprozentiges! Das brauche ich, wenn all meine berufliche Rhetorik zum Thema Tod wegfallen wird und es ans persönliche und direkte Erleben geht. Da wird mir ganz flau. Wo bleibt mein Drink mit Wirkung?

Meine Herren Bilgri, Schmid, Sczygiol, vielleicht sollten wir doch einen vornehmeren Alkoholgenuss wählen, etwa ein Glas Champagner, wie es Udo Hahn oder Martina Bühler-Karsubke bestellen. Sonst tritt am Ende noch das ein, was Margit Gratz befürchtet: „Er braucht keinen Drink und ich auch nicht, weil ich im Leben immer dann einen genossen habe, wenn es dran war. Leben im Augenblick. Die Szene an der Bar will ich mir nicht vorstellen. Wenn diejenigen, die vor mir dran waren, ihn alle schon mit Alkohol abgefüllt haben ..."

... dann würde es uns eventuell wie dem Schauspieler Richard Burton ergehen, der in seinem Tagebuch schreibt: „Du weißt nie, welcher Drink es ist, der dich über die Klippe stößt, dich versteinert, in eine übellaunige, schwitzende, zitternde Kreatur verwandelt, voller Albträume, ewiger November, immer Regen, drei Uhr morgens, kannst nirgendwohin, fingerst nach einer Zigarette, rauchst ... und all die schrecklichen Dinge, die du in deinem Leben getan hast, kommen hoch, all die Schmach, die du durchlitten hast. Und anderen zugefügt hast."

So will bestimmt keiner meiner Herren, die einen hochprozentigen Drink gewählt haben, über die Klippe gehen und ich auch nicht. Ich glaube, wir wählen alle den aufrechten Gang – innen wie außen – und nehmen nur einen Drink, denn wir haben uns ja schließlich schon beschäftigt mit dem, was kommt. Wir werden alle ein wenig Angst haben, aber zu betäuben brauchen wir uns nicht. Das Leben ist zu Ende, das Projekt hoffentlich gut gelungen, und das gilt es zu feiern mit einem Drink. Cheers!

Dankbarkeit

Es besteht ein entscheidender Unterschied zwischen dem,
wie die Dinge sind, und dem, dass sie sind.
Wenn man im alltäglichen Zustand gefangen ist,
befasst man sich mit solch vergänglichen Zerstreuungen
wie äußeres Erscheinungsbild, Stil, Besitz oder Prestige.
Im ontologischen Zustand dagegen ist man sich nicht nur mehr
des Seins, der Sterblichkeit und der anderen unveränderlichen
Charakteristika des Lebens bewusst, sondern auch eher
bestrebt und gerüstet, bedeutende Veränderungen vorzunehmen.
Irvin David Yalom (US-amerikanischer Psychologe,
Psychiater und Schriftsteller; *1931) in seinem Buch
In die Sonne schauen. Wie man die Angst vor dem Tod überwindet

Wir lernen: In unserem Alltagszustand staunen wir darüber, wie die Dinge sind, im ontologischen Zustand (von griechisch *einai* = sein) staunen wir darüber, dass es die Dinge und uns selbst gibt. Ein Patient von Yalom sagte: „Krebs heilt Neurosen", und ein anderer: „Wie schade, dass ich bis jetzt warten musste, da mein Körper vom Krebs zerfressen ist, um leben zu lernen." Solche Aussagen höre ich immer wieder in meiner Arbeit. Und wenn ich selbst nicht die intensive Erfahrung mit der Begleitung meines Ehemanns gemacht hätte, wenn ich also nicht seine Verwandlung, die positive Entwicklung seiner Person und unserer Beziehung erlebt hätte und meine eigene Veränderung zwischen Ursache und Wirkung, Handlung und Folge – ich weiß nicht, ob ich nur anhand meiner Arbeit mit diesem Thema die ganze Bedeutung der Aussagen Yaloms erfassen könnte. Für jemanden, der noch nie in einer solchen Endzeit-Situation gelebt hat, klingen Yaloms Wort ziemlich verrückt.

Ein einprägsamer Satz meines Mannes trifft genau in die gleiche Kerbe: „Das größte Geschenk meines Lebens ist diese Krankheit; ohne sie wäre ich ein Riesenarschloch geworden." Vielleicht habe ich das erst in den Jahren nach seinem Tod ganz verstanden. Denn er hatte ja eine ganz andere Perspektive, einen weiteren Horizont. Unsere Palliativschwester sagte über ihn: „Er war auf dem Weg einfach weit voraus, hat sich immer wieder zu uns umgedreht, ein Weilchen gewartet und uns gesagt, dass doch alles gut ist. Wir sind hinterhergestolpert und tun es immer noch."

Ich war noch nie schwer krank, kann also nur versuchen mir vorzustellen, dass ich einmal selbst todkrank bin und bald sterben muss. Von solcher Gnadenlosigkeit bin ich bisher verschont geblieben, und so brauche ich etwas länger, um die Aussage im Rückblick auf Svens oder unsere Geschichte richtig zu deuten.

Ein älterer Teilnehmer an einem meiner Seminare sagte in die Gesprächsrunde hinein, dass er erst seit der Erkrankung seiner Frau echte Dankbarkeit für sein Leben empfinden kann und dafür, dass er überhaupt so eine Liebe in seinem Leben erfahren hat und bis in die Gegenwart erleben darf. In den Jahren zuvor war seine Ehe in Routine erstarrt. Die Krankheit seiner Frau habe ihm die Liebe als Ganzes begegnen lassen, als hätte er über die Jahre immer nur die Hälfte davon gesehen, gelebt und gefühlt. Dabei war ihm gar nicht bewusst gewesen, dass in ihm was fehlte. Wann immer der Verdacht aufkam, dem Leben nicht gerecht zu werden, lenkte er sich ab, und die Ahnung verschwand. Sein Leben habe jetzt eine ganz andere Qualität. Die Möglichkeiten, „am Leben teilzunehmen", gingen wegen der Krankheit seiner Frau zwar zurück, aber dafür nahm die Qualität der Möglichkeiten, die ihm und seiner Frau blieben, umso stärker zu, und es eröffneten sich ganz neue Begegnungsräume für das Paar und beide Partner einzeln. Sie sind für diese Veränderung in ihrem Leben sehr dankbar.

Dankbar zu sein heißt darüber zu staunen, dass es überhaupt Dinge gibt und dass wir da sein dürfen. Das beinhaltet die Wertschätzung für unser Leben und dafür, dass es nicht selbstverständlich ist. So bin ich nicht nur dankbar dafür, *wie* mein Leben ist, sondern für das Leben an sich. Wer erlebt hat, wie sehr sich Menschen wünschen weiterleben zu dürfen, denen es nicht vergönnt ist, kann gar nichts anderes mehr empfinden als diese große Dankbarkeit für das Leben, die alles relativiert und auf den rechten Platz rückt.

Das Gute festhalten

Ich selbst habe ein Dankbarkeitstagebuch geführt und empfehle auch meinen Klienten, das zu tun, wenn Turbulenzen das Leben gerade allzu sehr erschüttern. Das Aufschreiben von drei Dingen am Tag, für die wir dankbar sind, bessert laut Untersuchungen in Lebenskrisen das Befinden messbar. Wir reflektieren dadurch unseren Tag, lenken von einem zu negativen Denken ab oder decken es auf. Wir heben die positiven Ereignisse hervor, die sonst im Trubel und Stress untergehen. In den Jahren von Svens Krankheit habe ich lange dieses Tagebuch geführt. Auch zuletzt, als sich die Ereignisse überschlugen, habe ich mich dazu aufgerafft, jeden Tag mindestens drei Dinge aufzuschreiben, für dich ich dankbar war. Vor allem in den Wochen seines Komas war das eine große Stütze für mich. Noch heute lese ich ab und an in diesem Büchlein und schmunzle darüber, was mich in diesen Zeiten erfreuen und dankbar machen konnte. Es schadet nicht, sich immer wieder anzusehen, wie groß die Welt im Kleinen sein kann.
Dankbarkeit ist der Grundstein für vieles wie zum Beispiel für Zufriedenheit und Frieden an sich. Wir können sie in unser Leben holen, indem wir sie täglich üben. So weiten wir unseren Blick auf unser Leben, schärfen unseren Sinn für die vielen kleinen und großen Wunder, eigentlich für den Zauber, der sich von Anfang bis zum Ende über unser Leben legt, wenn sich durch die Dankbarkeit unsere „Selbstverständlichkeit" auflöst und in größte Wertschätzung, Respekt und Demut verwandelt.

FRAGE

Spiel mir das Lied vom Tod. Welches ist es?

> Es gibt Musik, die zum Sterben schön ist. Ich war Mitglied der Regensburger Domspatzen; von daher habe ich eine sehr enge Beziehung zur Musik. Und ich kann, wenn ich die Noten sehe, die Musik hören. Das 23. Klavierkonzert von Mozart, das ist schön zu lesen, das schaut auf dem Papier schön aus, und das hört sich auch gut an.
>
> Dr. Erich Rösch

„Der zweite Satz aus Schuberts A-Dur Sonate, eines der letzten Stücke, die er geschrieben hat. Das ist wirklich für mich der Inbegriff der musikalischen Auseinandersetzung mit dem Sterben, weil es alles umfasst – sowohl diese völlige Ruhe, diesen völligen Frieden des letzten Moments, als auch die ganze Ängstlichkeit: das Ganze dann vielleicht doch noch am Leben halten und wieder loslassen können und doch wieder halten und wieder loslassen, bevor dann irgendwann alles doch zum Frieden kommt…" So antwortet ANDREAS SCZYGIOL, und genau so erlebe ich bei meiner Arbeit das Sterben: das abwechselnde Halten und Loslassen. Verzweifeltes Festklammern am Leben, dann wieder entkräftetes Loslassen.

Musik so intensiv zu erleben und dem Sterben mithilfe der Musik nahe zu kommen – wenn das gelingt, dann löst sich in uns für kurze Momente die Distanz zu diesem Thema auf. Da könnte man fast sagen: „Bitte spiel mir *Das Lied vom Tod*", aus dem gleichnamigen Western, das sich HANS MEISER ausgesucht hat. WILHELM SCHMID hat den gleichen Musikwunsch; er findet die berühmte Melodie auf der Mundharmonika „unendlich melancholisch".

Vielleicht scheuen wir das Thema Tod so sehr, weil es uns unweigerlich zur Melancholie führt. Aber Melancholie ist ein verkanntes Gefühl. Sie ist die Rakete in den Himmel, in die Freude, ins Glück! Sie setzt Kreativität und Fantasie frei, weil man mit ihr immer Wehmut, Sehnsucht und das Ende an sich im Gepäck hat und zugleich durch das Ende hindurch den Anfang und die Veränderung sieht. Das ist der Unterschied zur Depression, die uns beim Blick auf das Ende jeglichen Antrieb und Mut für Veränderung oder Neuanfang raubt. Mit der Melancholie habe ich das Ende zwar im Blick, genieße aber das Schöne, das immer gleich neben dem nicht so Schönen steht, in vollen Zügen.

Melancholie ist eine Brücke zwischen Freude und Leid, wie auch Musik eine Dialogbrücke für Unaussprechliches zwischen den Welten schlägt. Seit dem Mittelalter gibt es das Bild vom Tod als Spielmann, der auf seiner Geige den Lebenden zum Tanz mit den Toten aufspielt. Musik transportiert schon immer Irrationales, Unfassbares, Ängste und Bedrohungen – und beruhigt uns gleichzeitig, tröstet, schenkt uns Zuversicht und Mut.

MARTIN KREUELS umgibt sich mit modernen Klängen am Ende seines Lebens: „*Comfortable Numb* von Pink Floyd und *Firth of Fifth* von Genesis. Was inhaltlich am besten passt, ist von The Cure: *The same deep water as you.*" UDO HAHN wählt unter anderem „von Frank Sinatra *The way you wear your hat*, *Skyfall* von Adele, aber auch *Ich bin ein Gast auf Erden* von Paul Gerhardt".

Anders ANSELM BILGRI: „Ich bin ein großer Orff-Fan und habe in Andechs die Orff-Festspiele gegründet. In Orffs Oper *Der Mond* ruft der Pförtner Petrus in einem großen Monolog die Toten zur Ruhe. Vier Burschen sterben, und jeder bekommt ein Viertel vom Mond. Als der letzte stirbt, fängt der Mond im Totenreich an zu leuchten, und die Toten wachen auf: Es wird gelacht, gewürfelt und geschäkert. Da kommt der Pförtner und fragt: ‚Was ist da los? Was wird hier gespielt?' Er bringt alle zur Ruhe, und sie legen sich wieder in ihre Särge. Das ist ein schönes Bild."

Welche Musik spielt beim Thema Tod?

Jede Art von Musik ermöglicht uns einen direkten Zugang zu unserem Innersten – auch am Lebensende. Musik kann uns dazu anleiten, vertrauensvoll in uns selbst hinabzusteigen und uns mutig mit dem Unausweichlichen zu konfrontieren.

Die Palliativmedizin arbeitet immer mehr mit Musik. Sie drückt Dinge aus, für die wir die Worte verloren haben oder wofür sie uns grundsätzlich fehlen. Oft sind keine Worte des Trostes möglich. Dann baut Musik Brücken der Verständigung zwischen Arzt, Pflegepersonal und Patient, aber auch im Patienten selbst.

Eine mit mir befreundete Palliativschwester erzählte mir von einem Patienten, der erst behandelbar war, nachdem er seine Lieblingsmusik gehört hatte. Die Klänge besänftigten ihn, nahmen ihm für den Moment seine größten Ängste. Es war, als würde er, verloren in seiner Angst, mit der Musik immer wieder den Weg zu sich nach Hause finden und so auch die Entscheidungen in seiner gegebenen Situation mittragen können.

Bei einer tödlich verlaufenden chronischen Krankheit tastet sich der Tod an einen heran. Mein Mann und ich durchliefen auch als Paar verschiedene Stadien dieses Bewusstseins. Nach Svens letzter Bestrahlung sechs Wochen vor seinem Tod saßen wir am Küchentisch, und im Radio lief das Lied *Der Weg,* das Herbert Grönemeyer für seine verstorbene Frau geschrieben hat. Schon auf der Rückfahrt nach Hause hatten wir nicht sprechen können, denn Sven war völlig verändert aus der Bestrahlung gekommen. Kein Wunder, denn eine Ärztin nannte diese Art der Bestrahlung, die er zuletzt bekam, eine Atombombe im Kopf. Aber es war, als hätte die Behandlung statt des Tumors jeglichen Kampfgeist vertrieben. Da saßen wir nun zu Hause am Tisch und hörten dieses Lied. Wir hielten uns an den Händen, weinten beide, und keiner von uns hob den Blick. Wir hofften wohl, wenn wir uns nicht anschauen, dann könnten wir allem, was jetzt bevorstand, irgendwie entkommen. Dann war das Lied aus, und wir beide wussten: Jetzt geht es auf die Zielgerade. Alles ohne Worte.

Musik kann vordringen zu allen unseren Wünschen, Träumen, Ängsten und Verletzungen. Für sie gibt es keine Schranke, sie hat freie Fahrt und löst damit so manche Gefühlseruption aus: Aufgestautes und Unaussprechliches darf entweichen.

> **Übung: von der Musik getragen**
> Sicherlich kennen Sie ein Lied oder Musikstück, das Sie an den Abschied oder den Tod erinnert oder das, wie Dr. Erich Rösch es formulierte, für Sie zum Sterben schön ist. Versuchen Sie einmal, mit dieser Musik im Ohr in die Natur hinauszugehen und einen Spaziergang zu machen. Oder legen Sie sich aufs Sofa und hören Sie, fühlen Sie die Musik. Horchen Sie, was aus Ihrem Innersten heraufströmt. Welche Gefühle zeigen sich? Wo in Ihrem Körper spüren Sie diese? Sie brauchen keine Angst zu haben: Sie können jederzeit den Stoppknopf drücken, die Musik beenden und es ein andermal wieder versuchen. Tasten Sie sich heran und spüren Sie diese bittersüße Mischung aus Dankbarkeit für Vergangenes oder Gegenwärtiges, für vom Schicksal Geschenktes und Durchgestandenes. Fühlen Sie Ihren Mut, aber auch Ihre Traurigkeit und Verzweiflung. Alles kommt hervor, die Musik lässt alles heraussprudeln: ein Wechselbad der Gefühle. Danach werden Sie sich erschöpft und gleichzeitig befreit fühlen.

Das zweite Weihnachten nach Svens Tod stapften wir zwei Übriggebliebenen – mein Berner Sennenhund und ich – durch den tief verschneiten Wald. Die Äste der Bäume bogen sich unter der Last des Schnees, die Sonne schien darauf, und überall glitzerten kleine Diamanten. Wir beide verbrachten die Feiertage mit langen Spaziergängen. Das Weihnachten im Vorjahr hatte noch unter der lähmenden Schockstarre nach der Tragödie zuvor gestanden. Mein Gefühl dafür, was dieser Verlust wirklich für das Weiterleben bedeutete, begann sich erst zu jener Zeit zu entwickeln.

Außer meinem Hund begleitete mich Musik von dem Schweden Thomas Feyner (*1968). Bei seiner Musik gibt es kein Entkommen von meinem Schmerz. Sie blockiert alle Fluchtwege, die ich im Alltag so perfekt ausbaldowert habe, um immer stark und funktionsfähig zu sein. Wenn ich diese Musik höre, muss ich mich niemandem erklären, nicht einmal mir selbst. Dann erhebe ich mich über das Alltägliche, und gleichzeitig schwimme ich in mir durch die dunkelste See. Ich bin verbunden mit mir und allem, was mich ausmacht. Es existiert kein Außen mehr. Der Nebel von Trauer und Schmerz in mir lichtet sich, und eine Klarheit tritt ein, die trotz des schweren Seegangs sanft wie eine Feder meine Seele berührt. Mein Herz öffnet sich, und alles ist gleichzeitig da: Schmerz, Angst, Glück, Freude, Trauer. Die Musik schafft es, meine Gefühle so zu synchronisieren, dass ich mit ihnen leben kann. Manchmal verschlucke ich mich an der Angst und Trauer, die auftaucht, doch weiß ich, dass es für mich eine heilsame Art und Weise ist, ihr genau so zu begegnen. Lange Spaziergänge mit Musik waren ein großer Teil meiner Trauerarbeit.

Die Ratio und die Anforderungen der Außenwelt rücken in den Hintergrund – präsent sind Natur, Musik, Emotionen. Ich ergebe mich ganz und gar dieser Stimmung, lasse mich treiben, wehre mich nicht gegen die aufkommende Traurigkeit, und sei sie noch so beängstigend. Ich bleibe einfach in der Musik und in mir für die Zeit des Spaziergangs. Danach ist es auch wieder gut, und ich widme mich anderen Dingen. So bekommen Trauer und Wehmut ihren Platz, aber danach auch wieder die Freude und das Leben. Anfangs machte es mir große Angst, mich der Trauer und dem Schmerz vorbehaltlos auszuliefern. Ich hatte das Trauern nur in der Theorie gelernt; real durchlebte ich als Erwachsene zum ersten Mal einen solchen Verlust.

Über die Jahre machte ich viele musikalisch untermalte Abschiedsspaziergänge, und es wird sie weiterhin geben. Trauer und Schmerz verändern sich, aber die Lücke bleibt. Dietrich Bonhoeffer sagt so scharfsinnig wie treffend: „… indem die Lücke wirklich unausgefüllt bleibt, bleibt man durch sie miteinander verbunden."

Den Schmerz zu leben rettet uns. Beides muss gelebt werden: Leid und Glück. Eintauchen und sich dem Schmerz ergeben, auftauchen und sich wieder in die Lebendigkeit werfen. Wir würden uns selbst um all die schönen Erlebnisse betrügen, die wir nach und nach wieder erleben dürfen, wenn wir statisch im Schmerz hängen blieben. Es ist nicht leicht, nach großen Einschnitten im Leben wieder auf eine Veränderung zu vertrauen und sie sich zuzutrauen. Reflexartig versuchen wir Situationen festzuhalten, egal wie schlimm sie sind, um nur einer weiteren Veränderung zu entkommen, einem weiteren kleinen Tod in uns.

Musik ist ein wunderbarer Begleiter: Vor ihr müssen wir uns nicht für unsere Angst vor dem Unausweichlichen schämen. Sie bietet uns einen Rahmen des Vertrauens, wir bewegen uns allein in uns und sind doch nicht allein. Wir müssen uns weder Rechenschaft für unseren Schmerz ablegen noch sind wir einer Bewertung von außen ausgesetzt. Wir müssen selbst lernen, unsere Art des Umgangs mit Trauer und Ängsten nicht zu bewerten. Jeder von uns muss dabei seinen eigenen Weg finden und gehen.

Musik kann ein Reinigungszauber für die Seele sein. Bei schwer erträglichen Gefühlen schützt sie uns selbst und die Gesellschaft, die uns umgibt. Wer von unseren Freunden und Mitmenschen hält schon mehr als zwei Tage Trauer und Rückzug aus? Sehr schnell geraten wir in Versuchung, uns selbst oder anderen eine Diagnose stellen zu wollen. Leid, Schmerz und Demut passen nicht ins Tempo unserer Zeit und werden pathologisiert. Auch die Gefühle sollen sich einer produktiven Taktung anpassen. Aber Schmerz und Trauer werden uns immer wieder finden und Zeit und Raum fordern. Es ist wesentlich gesünder, ab und an in den Schmerz einzutauchen, als ihn über Jahre hinweg schwelen zu lassen, denn auf Dauer raubt er uns Lebensfreude und Dankbarkeit.

Wir können unseren Schmerz nur verändern, wenn wir ihn annehmen. Sicher können wir versuchen, Unangenehmes zu decken; manchmal gelingt das auch für eine Zeit, aber um welchen Preis? Sollen wir uns einer chronischen emotionalen Belastung aussetzen, die sich irgendwann nur noch in beißender Ironie und Sarkasmus zeigt? Die einzige Chance, die wir haben, ist die direkte Begegnung mit dem Schmerz. Musik kann uns dabei sanft und mit schützender Hand zurück zu unserem Herzen begleiten.

Mein Mann hörte kurze Zeit vor seinem Tod sein Lieblingslied von Michael Bublé: *Quando, quando, quando*. Den Text konnte er auswendig. In guten Zeiten sangen wir das Lied im Duett in der Küche beim Kochen oder Abspülen und tanzten dazu: Es war unsere Lieblingserklärung füreinander. Jetzt saß er im Bett, bekam die Augen kaum noch auf und sang es alleine. Ich wollte ihn in den Arm nehmen, weil er weinte, konnte es aber nicht. Ich hatte das Gefühl, ich muss ihn jetzt lassen. Bei der Textstelle „tell me when ..." fragte er in den Raum hinein: „Wann muss ich sterben?". Nicht ich nahm ihn an die Hand, die Musik tat es, und ohne musikalische Begleitung und Hilfe hätte die Frage wohl eine weit größere, ungeahnte Brutalität für ihn gehabt.

Zur Erinnerung an die Stimmung damals gesellt sich WALTER KOHLS Musikauswahl: „Ich mag eine Rockballade von Cinderella mit dem schönen Titel *You don't know what you got until it is gone.*"

Wir dürfen uns an der Musik festhalten, wenn wir immer wieder auf dem Weg zu uns sind. Musik ist eine Wegbereiterin, sie kann die Wogen unserer Gefühle glätten, Türen öffnen für unseren Mut zur Selbstbegegnung, gerade in schwierigen Zeiten.

Hoffentlich wird es musikalisch nicht so enden wie auf der Beerdigung von HANS LANGNERS Bruder: „Bei der Beerdigung meines Bruders gab es Orgelmusik, und der Organist hat derart schlecht und schief gespielt, dass sich alle die Ohren zugehalten haben."

FRAGE

Wenn der Tod schon einmal in Ihrem Leben „zu Besuch" war, was hat er verändert?

> „Er hat alles verändert. Als er meine Frau holte, sah ich ihn nicht. Er stand in der Tür, die wir für die Palliativmedizinerin geöffnet hatten, und trat mit ihr ein. Dann nahm er Heike mit. Heute hat er für mich eine Figur, nämlich die meiner Frau. Er hat mich von der Wissenschaft weggeführt, der ich ein halbes Leben gewidmet habe. Der Wissenschaftler wurde zum Fotografen und Buchautor. Er hat aus mir einen völlig anderen Menschen gemacht. Er hat mir geholfen, mein Leben in der Gegenwart zu leben."
>
> *Martin Kreuels*

Wie bei Martin Kreuels hat die Begegnung mit dem Tod auch in meinem Leben alles verändert – privat wie beruflich. Er hat Dinge in mir freigelegt, die verborgen, verschüttet, absichtlich vergraben waren – aus Angst, aus Gewohnheit, aus Feigheit, weil ich keine andere Lösung wusste. Im Leben geht es manchmal darum, sich selbst wiederzufinden. Kluge und bewusste Menschen tun das von alleine, andere wie ich „brauchen" für ihre Reifung einen Schicksalsschlag, der alte Selbstverständlichkeiten einstürzen lässt, alles in Frage stellt, alles durcheinanderbringt, damit es danach geordnet und neu justiert weitergehen kann.

Für ANSELM BILGRI brachte das Nachdenken über die eigene Sterblichkeit eine neu gewählte Ordnung in sein Leben: „Eine große Veränderung in meinem Lebens war der Klosteraustritt.

Der hat schon damit zu tun gehabt, dass ich mich gefragt habe: Ist das jetzt für dein ganzes Leben eine irreversible Entscheidung? Ganz früher, beim alten Ritus für die Ewige Profess, legten sich die Mönche auf den Boden, und eine Sargdecke wurde über sie gelegt. Das war das Bild, das Symbol dafür: Du stirbst für die Welt und stehst wieder auf. Aber für mich heute war es keine Unmöglichkeit mehr zu sagen, dass mein Lebensentwurf, der ja auf immer angelegt war, so nicht mehr stimmt. Wenn das nicht mehr mein Leben ist, wenn ich zu dieser inneren Entscheidung komme, dann gehe ich diesen Schritt des Austritts. Ich würde sagen, es hat schon etwas mit dem Nachdenken und dem Bewusstwerden der Endlichkeit des eigenen Lebens zu tun, immer mehr nachzudenken, was eigentlich wichtig ist."

Die Todesgewissheit hat mich auf diplomatische, verführerische Art dazu herausgefordert, mir und dem Leben demütiger und dankbarer zu begegnen – ganz so, wie es auch WALTER KOHL für sich beschreibt: „Er ist schon mehrmals in meinem Leben aufgetaucht und hat auch tiefe Einschnitte vorgenommen. Die Wucht dieser Erlebnisse hat mich nachdenklich gemacht und mir gezeigt, dass ich viel dankbarer sein sollte für die Dinge, die mir geschenkt werden. Auch lehrt uns der Tod Demut, vielleicht eine der wichtigsten Qualifikationen für glückliche Lebensgestaltung überhaupt, denn Demut hält unser Ego in Schach und ermöglicht uns echten inneren Frieden."

DR. ERICH RÖSCH formuliert es so: „Der Tod war schon oft zu Besuch bei mir. Ganz nah. Und gerade bei dem letzten Freund, den ich verloren habe, ging es darum: Er oder ich? Ich war schneller. Es war ein Motorradunfall. Ich bin vorausgefahren, und er hinter mir her. Der Autofahrer hat ihn erwischt und nicht mich, weil ich noch Gas gegeben habe. Ich nehme mich seitdem nicht mehr so wichtig. Gut zu wissen, dass man vielleicht wichtig ist, aber ganz schnell unwichtig werden kann. Dass es auch ohne einen selbst weitergeht, vielleicht sogar besser. Nichts ist für die Ewigkeit."

Frau BÜHLER-KARSUBKE nimmt mir geradezu die Worte aus dem Mund: „Durch die Krebserkrankung meines Mannes, mit der wir natürlich nicht gerechnet haben, ist die Endlichkeit unserer Beziehung auf Erden jede Sekunde präsent. Dieses Bewusstsein hat einfach alles geändert in mir. Fühle mich wie in einer großen Prüfung. Die Aufgaben habe ich angenommen. Es nützt kein Jammern und Klagen, kein Davonlaufen oder Schönreden. Es ist, wie es ist, und ich wünsche mir, dass jeder mit sich, seinem Umfeld und den Werten bewusst umgeht."

In den zwölf Jahren ab Ausbruch der ersten Krankheit von Sven hat die Endlichkeit auch mich behutsam, fast beschützend an die großen Themen und mich selbst herangeführt. Mit ihr im Gepäck war und ist es nicht möglich, nur so zu tun, als ob man lebt. Sie erinnert uns jeden Tag daran, dass wir absolut nichts unter Kontrolle haben. Die Aufgabe: Wir müssen uns nach innen wenden, um unsere Quellen zu suchen, Halt in uns finden, um mit dem Unausweichlichen umgehen zu können. Die Begegnung mit der Endlichkeit ist eine Prüfung meiner selbst geworden.

Svens Leidensweg lehrte ihn und mich, das Leben und das Abenteuer im Kleinen, das Mysterium des Lebens im Alltag zu erkennen, denn ihm als Schwerkrankem waren viele normale Dinge nicht möglich. Das hielt uns aber nicht davon ab, unsere Leidenschaften zu leben. Im Gegenteil: Der Tod im Nacken machte unser Leben erst leidenschaftlich. HUBERT BÖKE schreibt zu diesem Punkt: „An unseren beiden Söhnen ist der Tod nur um Haaresbreite vorbeigegangen – als ganz und gar ungebetener Gast, der auch uns als Eltern in heftige Ängste und Schrecken versetzt hat. Wenn ich sagen soll, was diese schlimmen Erfahrungen in mir verändert haben, dann sicher dies, dass mir (obwohl ich schon bald 25 Jahre Klinikseelsorger bin) bis in die letzten Zellen hinein bewusst geworden ist, wie dünn die Wand zwischen Leben und Tod ist. Die schmerzliche Erfahrung mit unseren Söhnen hat mich dann auch in meinem Glauben durchbuchstabieren gelehrt: Halte dich an den, der Herr ist über Leben und Tod. Halte dich an den Schöpfer, der Himmel und Erde gemacht hat und der mächtiger ist als all unsere Not und unser Tod."

Das Leben beutelt mich hin und her wie eh und je, aber es gibt aufgrund meiner Erfahrungen und der Beschäftigung mit diesem Thema eine Zentrierung in meinem Leben, die durch nichts mehr zu erschüttern ist. Im Kern herrschen Ruhe und absolute Stille, was nicht heißt, dass es mir in schwierigen Situationen immer gelingt, diesen Zustand abzurufen. Aber es klappt immer besser. Dafür und für den schönen Tod meines Mannes hat sich alles gelohnt, was in seiner Leidenszeit passierte. Wir haben alles gegeben und haben alles Emotionale bekommen, was man sich im Leben wünschen kann. Svens Sterben hat über die zwölf Jahre hinweg eine Intensität aus uns hervorgelockt, für die wir ohne diese Bedrohung garantiert viel zu bequem und ängstlich gewesen wären. Der Tod ist der größte Mutmacher, der beste Verführer, die größte Verlockung zu einem lebendigen Leben. Gleichzeitig zwingt er uns dazu, die größte Lektion im Leben immer wieder schmerzhaft einzuüben: die Kunst des Verlierens.

Hans Langner schreibt über das Verlieren: „Der Tod hat mir bewusst gemacht, wie schmerzhaft Verlust sein kann, wie traurig es sein kann, die Unwiederbringlichkeit, die Endgültigkeit zu erleben." Aber das eine bekommen wir nicht ohne das andere; das Werden gibt es nicht ohne das Vergehen, das Glück gibt es nicht ohne das Unglück und das Unglück nicht ohne das Glück darin. Vor allem Letzteres finde ich äußerst beruhigend, wenn dieses Glück auch oft gut versteckt ist. Wenn man es findet, ist die Freude aber umso größer. Alles dreht sich ständig im Kreis: Das größte Glück hält nicht ewig an und das größte Unglück auch nicht. Alles geht irgendwann vorbei und beginnt von Neuem. Das Mysterium Leben ist weder schwierig noch kompliziert. Es geht immer nur um Werden und Vergehen im Großen wie im Kleinen, in der Natur wie bei uns Menschen.

Frieden

Menschen sterben so, wie sie gelebt haben.

Christine Bronner,
Gründerin des Ambulanten Kinderhospizes München

Was möchte ich mit diesen Fragen, diesem Büchlein, mit meiner Arbeit zu unserem schwierigen Thema erreichen? Ich wünsche mir, Neugier und Offenheit bei Ihnen wecken zu können, sodass Sie zu einer positiven, bejahenden Beschäftigung damit finden. Wenn das Schwere auf uns zukommt, dann soll zumindest ab und zu in ihr auch etwas Leichtigkeit gelebt werden können, weil wir als Betroffene oder Angehörige den Tod und das Sterben in uns selbst und im Außen schon einmal berührt haben. Nur mit Gruselgeschichten über das schreckliche und schlimme Sterben, das ich auch gesehen habe und weiter sehe, kann ich keinen Menschen für das Thema Tod gewinnen. Ich kann nur versuchen, die Vorteile herauszuarbeiten, die die Beschäftigung damit für jeden mit sich bringt.

Das Sterben öffnet uns noch einmal für alles, und gleichzeitig fällt alles von uns ab. Wir werden radikal auf das reduziert, was wir wirklich sind. Wenn ich mich mein Leben lang mit bestimmten belastenden Themen nicht auseinandersetze, kommen sie am Ende meiner Zeit unausweichlich auf den Tisch, und das kann sehr anstrengend und beängstigend sein.

Wir alle setzen uns nicht gerne mit den bedrückenden Lebensbereichen Krankheit und Sterben auseinander. Das ist nur natürlich, und ein schlechtes Gewissen müssen wir deshalb nicht haben. Aber es kommt darauf an, wie weit wir uns abwenden, wie weit wir flüchten und verdrängen. Wir sollten jedenfalls nicht so weit weglaufen, dass wir den Weg zu uns zurück gar nicht mehr finden. Wenn wir ein ganzes Leben lang unsere Kraft und Zeit aufs Strampeln verwendet haben, um nur immer an der Oberfläche zu bleiben, ist es nur logisch, dass es am Ende psychisch umso anstrengender für uns wird, wenn die Kraft fürs Flüchten fehlt. Auch wie wir gelebt haben, bewusst oder unbewusst, aufmerksam oder achtsam, oberflächlich oder mit Tiefgang, kommt im Prozess des Sterbens zum Tragen, denn dann bleibt von uns nur noch die Essenz und was wir daraus mit unserem Leben gemacht haben. So landen wir schnell bei der zentralen Frage schlechthin: *Wie wollen wir leben?* Peter Bieri, Schriftsteller und Philosoph, nennt ein ganzes Büchlein so, in dem er seine drei Vorlesungen zu diesem Thema vorstellt. In der zweiten Vorlesung mit dem Titel *Warum ist Selbsterkenntnis so wichtig?* schreibt er: „Wir können keinen Schritt tun, ohne zu wissen, warum. Wenn wir den Grund vergessen haben, bleiben wir stehen. Erst wenn wir wieder wissen, was wir wollten, gehen wir weiter. Wir müssen, um handeln zu können, verstehen, was wir wollen und tun."

Der Sinn des Lebens – angesichts der Sterblichkeit

Wenn ich mir die Frage stelle, wie ich wirklich leben will, und am besten stelle ich sie mir vor dem Hintergrund meiner Endlichkeit, dann taucht die Frage nach dem ganz persönlichen Sinn meines Lebens auf. Diese ist nicht mit der Erfüllung einer gesellschaftlichen Norm zu beantworten, sondern richtet sich ganz tief an mich selbst. Ich frage mich: Lebe ich wirklich oder werde ich gelebt? Ich kann mich vom Außen formen lassen, aber auch von innen kann ich mich selbst so unfrei machen, dass das Gefühl von Gelebtwerden aufkommt. Peter Bieri schreibt weiter: „Längerfristig handeln können wir nur, wenn wir eine Ahnung von der Richtung unseres Lebens haben, eine Vorstellung davon, wer wir sind."
Eine Vorstellung davon zu gewinnen, wer wir sind und was wir wollen, erfordert, dass wir uns selbst kennenlernen, die Realität

sehen und uns in ihr sehen. Wir müssen uns mit uns selbst versöhnen und ebenso mit dem Positiven und dem Negativen, dem Angenehmen und Unangenehmen, dem Schönen und weniger Schönen. Wir müssen Frieden schließen mit dem, was wirklich ist und was wir nicht ändern können.

Es kommt nicht darauf an, wo man gerade auf dem Weg zu sich steht. Wie weit Sie vorangeschritten sind, das ist irrelevant. Wichtig ist, dass Sie sich überhaupt auf den Weg gemacht haben und dass Sie in Bewegung bleiben in Richtung zu sich selbst.

Sich selbst ehrlich zu begegnen ist kein Wellnessurlaub und keine Instant-Erfahrung, wie sie einem heute oft angeboten wird. Selbsterkenntnis kann man weder konsumieren noch sich anlesen. Es bleibt dafür nur die harte, nackte Konfrontation mit sich und seinem Leben: Ich und das Leben, abseits vom Selbstbetrug, der im Leugnen von Ursache und Wirkung, Handlung und Folge, im Leugnen unserer Verantwortung besteht. Wir bereiten uns auf alles Mögliche vor, nur nicht auf das Ende, auf unser Sterben: Wir leisten keine Vorarbeit und tätigen keine Investition, aber das Ende soll dann unseren Wünschen möglichst nah kommen: ein schöner Tod, bei dem wir schmerzfrei und selig einschlafen im Kreise unserer Liebsten.

Wir können uns auf das Sterben vorbereiten, und nur wir selbst können das tun. Es reicht nicht, darauf zu hoffen, dass sich, bis wir an die Reihe kommen, die qualitativen und quantitativen Defizite unseres Lebens irgendwie aufgelöst haben werden und es schon genügend andere geben wird, die sich darum kümmern. Die Grundvoraussetzung des „guten Sterbens" liegt in uns selbst, im Frieden, den wir mit unserer Endlichkeit schließen.

Frieden zu schließen heißt nichts anderes, als in Bewegung zu kommen, denn wir müssen unsere Erstarrungen auflösen und uns ganz mit Leben füllen. Wir müssen zwei unvereinbar scheinende Elemente in Einklang bringen: Leben und Tod. Unser ganz eigener Sinn im Leben, egal wie er aussieht, ist die beste Brücke, der stabilste Bogen, der sich über unser Leben spannt, denn er gründet auf der Frage: Wie wollen wir leben? Von dort aus ist es nicht mehr weit zur nächsten Frage: Wie wollen wir sterben?

Alle Vorbereitung gibt uns natürlich keine Garantie dafür, dass unser Sterben so gut gehen wird, wie wir es uns wünschen. Was wir aber sicher für uns verbuchen können, wenn wir dieses Thema an uns heranlassen, ist ein bewusstes Leben mit dem Wissen, was wir wirklich wollen. Dafür lohnt sich die Arbeit.

Eine große Arbeit im Leben ist es, Frieden damit zu schließen, dass wir endlich sind. Auf dieses Fundament lässt sich aber die wunderbarste Lebendigkeit setzen, die unser Leben krönt. Lassen Sie uns den Satz eines Hospizpatienten beherzigen, mit dem ich schließen möchte: „Sterben müssen wir alle. Was wir lernen müssen, ist, diese Reise zu genießen."

KURZPORTRAITS

Die Interviewpartner

ANSELM BILGRI, Theologe, Coach und Mediator, war bis 2004 Benediktinermönch, Cellerar und Prior des Klosters Andechs. Heute ist er „Gratwanderer zwischen Kirche und Welt". Er spricht und veröffentlicht zu Themen, die einen Bogen spannen von der Philosophie und Religion zu Wirtschaft und Gesellschaft. Er zeigt Wege auf, wie der Mensch in der Moderne zum Wesentlichen vordringen kann. Mehr erfahren Sie unter www.anselm-bilgri.de.

HUBERT BÖKE ist seit über 20 Jahren Klinikpfarrer und Synodalbeauftragter für Hospiz und Trauerbegleitung im Kirchenkreis Leverkusen. Als Autor und Supervisor beschäftigt er sich intensiv mit Trauer- und Sterbebegleitung.

CHRISTINE BRONNER und ihr Ehemann Florian arbeiten am Aufbau einer umfassenden qualifizierten Unterstützung für Familien mit schwerst- oder unheilbar kranken Kindern und Jugendlichen – ein Projekt, zu dem ein Fall in ihrer eigenen Familie den Anstoß gab. Im Herbst 2004 startete die Stiftung Ambulantes Kinderhospiz München (AKM, www.kinderhospiz-muenchen.net) unter Leitung von Frau Bronner. Sie selbst ist Sozialpädagogin und Therapeutin; der Schwerpunkt ihrer Tätigkeit liegt in der Krisenintervention für die betroffenen Familien.

MARTINA BÜHLER-KARSUBKE, geboren 1962, lernte durch die schwere Krebskrankheit ihres Mannes, in Krisen Chancen zu sehen. Dankbarkeit ist, wie sie selbst sagt, überhaupt ihr Lebenselixier.

MARGIT GRATZ, geboren 1972, ist Theologin und Palliativfachkraft. Viele Jahre war sie ehren- und hauptamtlich in der ambulanten Hospiz- und Palliativarbeit tätig in Begleitung und Beratung, Forschung und Lehre. Derzeit arbeitet sie an der Implementierung von Hospiz- und Palliativkultur in den Seniorenresidenzen der Augustinum GmbH in München, wo sie auch lebt.

UDO HAHN, Jahrgang 1962, ist Pfarrer, Direktor der Evangelischen Akademie Tutzing, Autor und Herausgeber zahlreicher religiöser Sachbücher und spiritueller Texte.

Walter Kohl, geboren 1963, hat Geschichte und Volkswirtschaft in Harvard und Wien sowie Business Administration in Frankreich studiert. Nach Tätigkeiten im Investment Banking in New York und in deutschen Konzernen führt er seit 2005 gemeinsam mit seiner Frau einen Zulieferbetrieb für die Autoindustrie. Aus einer Lebenskrise 2002 fand er auf dem Weg der Versöhnung zu neuer Kraft und innerem Frieden. Es liegt ihm am Herzen, Mitmenschen auf ihrem Weg zu mehr Lebensfreude und einem selbst gestalteten Leben zu helfen. Seit 2011 ist er als Referent und Coach tätig. Walter Kohl ist Autor des Bestsellers „Leben oder gelebt werden" von 2011 und des Praxisbuchs „Leben was du fühlst" von 2013. Ein weiterer Titel ist 2014 erschienen.

Martin Kreuels war bis 2009 als Biologe tätig und auf Spinnen spezialisiert. Seit dem Krebstod seiner Frau ist er für seine vier Kinder alleine verantwortlich. Die tiefgreifende Änderung führte auch zu einem Berufswechsel. Heute arbeitet Kreuels als Fotograf und Autor. Er hält Lesungen aus seinen Büchern und fotografiert – unter anderem Motive, die manche Menschen überfordern, weil sie sie an ihre emotionalen Grenzen führen.

Hans Langner wurde 1964 in Karlsruhe geboren. Seit 1990 arbeitet er als freischaffender Multimediakünstler in den Bereichen Malerei, Objekte, Installationen und Performance. Außerdem ist er als Buchautor tätig. 2012 absolvierte Langner eine Ausbildung zum Hospizhelfer. Seine Intention ist es, Linderung zu schenken durch die Versöhnung mit der eigenen Krankheit.

Dr. Hans Christian Meiser arbeitet als Philosoph und Publizist. 2014 veröffentlichte er im Irisiana Verlag das Werk *Als wär's das letzte Mal: 24 Anregungen für ein todesmutiges Leben.*

Nando Parrado aus Uruguay ist Überlebender des berühmt gewordenen Flugzeugabsturzes einer Rugbymannschaft in den Anden 1972 und arbeitet heute als Bestsellerautor, Geschäftsmann und international anerkannter Vortragsredner. 2010 wurde er als „Best Speaker in the World" ausgezeichnet.

Dr. Erich Rösch hat ursprünglich Wirtschaftswissenschaften studiert und arbeitet heute aber als Geschäftsführer des Bayerischen Hospiz- und Palliativverbands e. V. Seit 1989 ehrenamtliches Engagement für die Hospizarbeit, seit 2006 Mitglied des geschäftsführenden Vorstandes des DHPV.

Wilhelm Schmid, geboren 1953, lebt als freier Philosoph in Berlin und lehrt Philosophie als außerplanmäßiger Professor an der Universität Erfurt. 2012 erhielt er den deutschen Meckatzer-Philosophiepreis für besondere Verdienste bei der Vermittlung von Philosophie, 2013 den Preis der schweizerischen Dr.-Margrit-Egnér-Stiftung für sein bisheriges Werk zur Lebenskunst. Mehr erfahren Sie auf unter www.lebenskunstphilosophie.de oder unter Twitter: @lebenskunstphil. Sein neuestes Buch ist im März 2014 im Insel-Verlag erschienen: *Gelassenheit. Was wir gewinnen, wenn wir älter werden.*

Andreas Sczygiol, geboren 1979, ist Dirigent, Chorleiter und ausgebildeter Systemischer Therapeut. Sczygiol leitet mehrere Chöre und arbeitet als freischaffender Dirigent mit Orchestern wie den Prager Philharmonikern, der Neuen Philharmonie München oder der Mittelsächsischen Philharmonie.

Danksagung

Ein großes Dankeschön bekommt zuallererst meine Redakteurin Nikola Hirmer, die beim Verlag so sehr für dieses Buch gekämpft hat und immer eine offenes Ohr für mich hatte.

Dann kommt auch schon mein Lektor Martin Knipping, der sich professionell in meinen Textwust hinein- und durchgekämpft hat und auch das Büchlein so schön gestaltet und gesetzt hat. Er hat mein großes Zittern am Ende in eine große Freude verwandelt.

Großen Dank sage ich auch meinen Interviewpartnern, ohne die das Buch gar nicht zustande gekommen wäre. Meine Damen und Herren, Sie waren sehr mutig, wie ich finde, sich diesen ungewöhnlichen Fragen zu stellen. Für manches, was nun von mir im Buch steht, haben sie mir umgekehrt erst durch ihre Antworten den Mut gegeben.

Albert Niedermeier danke ich herzlich für seine Übersetzungsarbeiten und sein geduldiges Zuhören.

Ein grundsätzliches Danke gilt meiner kleinen Familie. Und wenn nicht alles so gewesen wäre, wie es gewesen ist, dann wäre wohl auch nie dieses Büchlein entstanden.

Bestimmt gibt es einige, die ich vergessen habe. Bitte fühlt auch ihr ein herzliches Dankeschön.

Zuallerletzt ein ganz, ganz großes Danke an meinen Vater, der immer da ist, wenn es brennt, und es brennt nicht selten.

Impressum

© der deutschen Ausgabe 2014 by Irisiana Verlag, einem Unternehmen der Verlagsgruppe Random House GmbH, 81637 München

Die Verwertung der Texte und Bilder, auch auszugsweise, ist ohne Zustimmung des Verlags urheberrechtswidrig und strafbar. Dies gilt auch für Vervielfältigungen, Übersetzungen, Mikroverfilmung und für die Verarbeitung mit elektronischen Systemen.

Die Verlagsgruppe Random House weist ausdrücklich darauf hin, dass bei Links im Buch zum Zeitpunkt der Linksetzung keine illegalen Inhalte auf den verlinkten Seiten erkennbar waren. Auf die aktuelle und zukünftige Gestaltung, die Inhalte oder die Urheberschaft der verlinkten Seiten hat der Verlag keinerlei Einfluss. Deshalb distanziert sich die Verlagsgruppe hiermit ausdrücklich von allen Inhalten der verlinkten Seiten, die nach der Linksetzung verändert wurden und übernimmt für diese keine Haftung.

Verlagsgruppe Random House FSC®N001967

Das für dieses Buch verwendete FSC®-zertifizierte Papier *Munken Premium Cream* liefert Arctic Paper Munkedals AB, Schweden

Projektleitung und Redaktion: Nikola Hirmer
Lektorat, Layout und Satz:
Knipping Werbung GmbH, Berg am Starnberger See
Korrektorat: Claudia Kohnle, München
Herstellung: Sonja Storz
Umschlaggestaltung und Konzeption:
Geviert – Büro für Kommunikationsdesign München
Umschlagmotiv: shutterstock: 156017432, Viorel Sima
Druck und Bindung: GGP Media GmbH, Pößneck

Printed in Germany

ISBN 978-3-424-15261-6
Auflage 2014